NEGÓCIO DE ATITUDE

NEGÓCIO DE ATITUDE

APLICAÇÃO IMEDIATA, LUCRATIVIDADE INFINITA

VICTOR KÜPPERS

EDITORA HÁBITO
Avenida Recife, 841 — Jardim Santo Afonso — Guarulhos, SP
CEP 07215-030 — Tel.: 0 xx 11 2618 7000
atendimento@editorahabito.com.br — www.editorahabito.com.br

■ **NEGÓCIO DE ATITUDE**
©2012, Victor Küppers, Plataforma Editorial, prólogo de David Vila.
Originalmente publicado em espanhol sob o título: *Vivir la vida con sentido*
Copyright da edição brasileira ©2021, Editora Hábito
Publicado com autorização contratual de Plataforma Editorial S.L.
(Muntaner, Entlo. 1ª, 08021, Barcelona, Espanha)

Todos os direitos em língua portuguesa reservados à Editora Hábito.

PROIBIDA A REPRODUÇÃO POR QUAISQUER MEIOS, SALVO EM BREVES
CITAÇÕES, COM INDICAÇÃO DA FONTE.

■ Todas as citações foram adaptadas segundo o Acordo Ortográfico da
Língua Portuguesa, assinado em 1990, em vigor desde janeiro de 2009.

■ Todos os grifos são do autor.

Editor responsável: Gisele Romão da Cruz
Editor-assistente: Amanda Santos
Tradução: Talita Soares
Revisão de tradução: Sônia Freire Lula Almeida
Revisão de provas: Contexto – Serviços de Editoração
Projeto gráfico e diagramação: Claudia Fatel Lino
Capa: Arte Hábito

■ **1. edição:** nov. 2021

Dados Internacionais de Catalogação na Publicação (CIP)
(Câmara Brasileira do Livro, SP, Brasil)

Küppers, Victor
  Negócio de atitude : aplicação imediata, lucratividade infinita / Victor Küppers. -- São Paulo : Editora Hábito, 2021.

  ISBN 978-65-994789-9-4
  e-ISBN: 978-65-994789-8-7

  1. Comércio 2. Contabilidade 3. Atitude (Psicologia) 4. Atitude - Mudança I. Título.

21-87520   CDD-158

Índices para catálogo sistemático:
1. Atitude e sucesso : Psicologia aplicada 158
Maria Alice Ferreira - Bibliotecária - CRB-8/7964

Para Mar, Roni e Puxo

"Existem muitos tipos de conhecimento, mas existe um mais importante que os outros: o conhecimento de saber como viver; e esse conhecimento, quase sempre, é menosprezado."

Liev Tolstói

SUMÁRIO

Agradecimentos 11
Prólogo 15
Introdução 19

1. Resumo para estressados e impacientes 25
2. Lâmpadas com pés 32
3. Os medíocres sabem; os craques fazem 43
4. É questão de atitude, babaca! 46
5. Pessoas fantásticas, hábitos fantásticos! 52
6. Tenha a atitude que quiser 59
7. Ser grande, um modo de ser 71
8. Frangos sem cabeça 73
9. Os 5 Ps da vida 93
10. O lado escuro 97
11. Crise facial 111
12. Faça que sim, até que você realmente seja 114
13. Aprenda a ser otimista 116
14. Seja grato 124

15. Tenha sonhos... 133
16. Senso de humor.. 140
17. Máximas e aforismos... 143
18. Escreva cartas 151
19. Vultos peludos com pés 153
20. Carlos, o *maître* 165
21. Aprenda a escutar, babaca!.. 169
22. Álcool e água. O valor da humildade............................. 179
23. A injeção de ânimo de um elogio sincero 185
24. Viva com atenção plena 190
25. O efeito de Bach ao piano 203
26. Liderar; quatro pautas para não ser um babaca.............. 205
27. Exercício mental.. 209
28. Adicione minutos fantásticos 212
29. O que você aprendeu com este livro?............................. 216

AGRADECIMENTOS

Agradeço a Deus pela fé que ele me dá; ser um bom cristão é o que dá sentido à minha vida.

Agradeço imensamente ao leitor por ter comprado este livro; espero que não seja uma decepção e que, de fato, o ajude a pensar e a tomar decisões que melhorem a sua vida.

Agradeço imensamente ao Jordi Nadal por ter pedido este livro; nunca imaginei que o editor que mais admiro me pediria para escrever um livro. Jordi foi uma descoberta para mim, por sua generosidade, por sua humanidade e pela paixão que ele sempre transmite: paixão por seus pais, por sua família, por seu trabalho, por sua equipe, por seus escritores.

Agradeço à minha maravilhosa mulher, Mar; conhecê-la foi a melhor coisa que me aconteceu na vida, e aos meus dois fantásticos filhos, Roni e Puxo, por me aguentarem, por me amarem, por me ajudarem, por me fazerem rir, além de me fazerem feliz.

Agradeço aos meus pais por terem me ensinado que sempre é possível manter a atitude alegre diante das adversidades; agradeço aos meus irmãos por me amarem como sou. Agradeço ao meu sogro por ter me apoiado tanto, e à minha sogra por sua enorme bondade.

Agradeço à minha tia Isa, a quem tanto amei e de quem jamais me esquecerei.

Agradeço ao David Vila, por aceitar escrever o prólogo, um exemplo espetacular de que ser grande é um jeito de ser. Tenho orgulho de ser seu amigo; sempre admirei sua capacidade em se esforçar, seu senso de humor, sua generosidade e seu entusiasmo para ajudar os demais. Agradeço também ao Jordi Bonmati, meu grandíssimo amigo, ao Manuel Roca e ao Eduard Valletbó. Espero que os nossos jantares mensais com David Vila se prolonguem durante muitos anos para continuar usufruindo das discussões e das risadas.

Agradeço aos meus fantásticos amigos, Toni de la Asunción, o meu amigo de alma; José María Ruiz, que admiro por suas enormes virtudes; Marc Alsius, Ález Ribet, Ricardo López, Alberto Brulles, Carlos Teixidó, Jordi Ruiz e Álex Utreta. É fantástico saber que, depois de tantos anos, continuamos com a nossa amizade. Agradeço ao Diego Brotons, o meu amigo de infância. Agradeço ao Juan Buil, uma das melhores pessoas que conheço, e ao Francisco Esteban, que sempre me ajuda tanto.

Agradeço ao Luis Hernández de Canayes, por seus conselhos para melhorar este livro e por ser, sem dúvida, a pessoa que mais confiou em mim. Agradeço à sua família maravilhosa por sempre me tratar de maneira tão espetacular.

Agradeço aos meus colegas de trabalho e aos meus ex-alunos na Universidade Internacional da Catalunha e da Universidade de Barcelona, com os quais aprendi e ri muito. Agradeço imensamente aos participantes dos meus cursos e palestras por seus comentários e contribuições que me ajudaram a entender que o importante é lutar todos os dias para ser uma pessoa e um profissional melhor.

AGRADECIMENTOS

Agradeço às pessoas de IESE e ESADE com as quais trabalhei; com elas aprendi a trabalhar com prazer e a necessidade de buscar a excelência profissional.

Agradeço a essas pessoas espetaculares que encontrei nesta vida e que me ensinaram o que faz as pessoas serem boas: Javier Triadó, Mariano Buxade, Piluka, Enrique Díaz Mauriño, Maravillas Martin, Pedro González-Anta, Joan Sancho, David Payeras, Jaume Sanabra, Dolors Viaplana, Andreu Maldonado, Arancha Álamo, Carmen Mur, Enrique López Vallejo, Rodrigo Picó, Xavier Navarro, Teófilo Sánchez, Xabi Pérez, Pasqual Llongueras, Agustín Moreno, Toni Mora, Montse Figols, Isabel Raventós, Marta Cailá, Javier Amezaga, Leopoldo Abadía Jr., Juan Serrano, Iñigo Allí, José Manuel Ereño, Vicente Font, Quim Falgueras, Antonio González Barros, Carles Sasplugas, Mar Raventós, Leopoldo Rodés, Luis Conde, Marcela Clusellas, Carlos Royo, Josep Carreras, Laura Naranjo, Alicia de Patricio, Fernando de la Iglesia, Gemma Blanes, Carlos Morcillo, Edu Matesanz, Gabriel Domingo, Maite Serrano, Carlos Ayuso, Jon Acarregui, Nacho Feu, Nicolás Prieto, Nuria Fernández, Álex Martínez, Beth Udina, Alejandro Esteban, Conrad Sargatal, Cessi Puyol, Lluís Micaló, David Zuazua, Mossèn Joan de Ordino, Míriam Iglesias e Mariona Taxonera.

Agradeço às pessoas que me fazem sentir maravilhosamente bem em Ordino, o meu paraíso particular, em especial às que trabalham no Hotel Coma e no Restaurante Topic. Também agradeço imensamente a todas as pessoas que trabalham no clube de tênis onde passo o tempo quando não estou em Ordino e que conseguem criar um ambiente absolutamente fantástico, divertido e familiar.

Agradeço imensamente, por fim, aos meus clientes, por terem confiado em mim, por sempre terem me tratado muito melhor do que eu merecia, por terem me animado a melhorar constantemente e pela preocupação sincera em ajudar as pessoas que trabalham em suas empresas.

VICTOR KÜPPERS
kuppers@kuppers.com
@vkuppers

PRÓLOGO

Acabo de completar 42 anos. Tenho uma esposa fantástica e três filhos maravilhosos que teimem em crescer. Acabam de fazer 11, 9 e 7 anos. As atividades escolares e extraescolares se multiplicam. Os planos de fim de semana testam a logística familiar.

Os meus pais e os meus sogros estão envelhecendo, e seus corpos já começam a exigir mais atenção.

A crise continua muito forte e, se em algum momento você conseguir se esquecer dela, o contínuo bombardeio dos meios de comunicação se encarrega de que nada caia no esquecimento. Claro que você tenta dedicar o máximo possível de horas para manter a empresa adiante em um ambiente tão adverso como este em que estamos vivendo.

Resumindo, tenho menos tempo para mim a cada dia que passa. Entretanto, e, ainda que *a priori* pareça impossível, a cada dia que passa sou mais feliz, renuncio menos a coisas das quais eu gosto e consigo fazer mais coisas novas.

Para mim, só existe um segredo: planejar bem, priorizar a ordem adequada e, o mais importante de tudo, usufruir cada uma das coisas que faço. Quando eu não gosto de algo, esse item começa a ter prioridade máxima para que eu decida, o mais rápido possível, quais mudanças serão implementadas e como reconduzir essa atividade, caso seja possível.

A essa altura do campeonato, ninguém tem dúvida de que sou engenheiro. Na realidade, palavras como "planejar" e "priorizar" pertencem ao jargão da engenharia e são muito usadas pelo corpo docente da área. O curso dura cinco anos bem intensos, e a especialização de engenheiro industrial engloba vários temas. Antes de estudar na universidade, passei quinze anos estudando Educação Geral Básica (dos 6 aos 14 anos), Ensino Médio Polivalente (dos 14 aos 17 anos) e o Curso de Orientação Universitária (dos 17 aos 18 anos) em uma escola europeia, com a fama de ser a mais exigente de Barcelona e a responsável por oferecer uma preparação acadêmica melhor, além do domínio de quatro idiomas. Claro que estou muito orgulhoso do caminho percorrido e cada dia que passa é mais importante ter o máximo de preparação possível.

Entretanto — nem na escola, nem na universidade —, ninguém me ensinou a importância das atitudes na vida, tanto no âmbito pessoal como no profissional, e o papel transcendental que essas atitudes desenvolvem em qualquer etapa da nossa vida. Quem se responsabiliza pela nossa educação emocional? Seria uma responsabilidade somente dos pais ou é necessário ter uma atuação mais global? Por que conceitos como "inteligência emocional" continuam ocupando posições praticamente nulas dentro da nossa formação?

Infelizmente, temos claras e dolorosas comprovações que deixam claro quanto esse campo ainda pode ser melhorado vinte anos depois. A depressão passou a ser a doença que mais tem aumentado na última década, e Victor nos adianta neste livro que, segundo os estudos da União Europeia, alcançará o primeiro posto em breve no rol das enfermidades. É verdade que a crise que estamos vivendo está ocasionando perdas em alguns casos; no entanto, a curva de maior crescimento da depressão se encontra nos anos de bonança, ou seja, nos anos anteriores à crise.

Com a idade que tenho hoje, já fui maltratado pela vida em várias ocasiões e acredito que me aguardam alguns reveses mais. Esses contratempos nunca são agradáveis, mas, às vezes, dedicamos mais tempo em responder a perguntas como "Por que isso aconteceu comigo?" ou "O que ainda me espera?", em vez de nos preocuparmos com "O que posso fazer para", uma frase que Victor vem repetindo há muitos anos. Que uma adversidade signifique um impedimento, um motivo de tristeza ou uma renúncia só depende de nós e da nossa atitude. Custa exatamente o mesmo esforço, se não menos, encará-lo como um desafio; além disso, o caminho para enfrentá-lo é muito mais agradável.

A pior crise que estamos vivendo nestes momentos não é a econômica, mas a crise de vocações com atitude positiva. Realmente estamos vivendo uma etapa bem difícil, mas será para nós mais dolorosa e difícil se demorarmos mais tempo para recuperar o otimismo e a confiança. O que aconteceria se, durante uma semana ou quinze dias, todas as televisões transmitissem apenas boas notícias, por menores que fossem? Ou se os jornais só publicassem boas notícias? Tenho a certeza de que se respiraria outro ambiente nas ruas, nas empresas, nas famílias, e as pessoas pensariam no futuro e em inovar. Com certeza, conseguiríamos expulsar o pessimismo que predomina e que é tão contagiante. Continuamos olhando muito pelo retrovisor e tentando lembrar o que perdemos ao longo do caminho, quando o que realmente temos é a oportunidade de usufruir o futuro e decidir sobre ele.

Se alguém pedisse para descrevermos como deveria ser o negócio mais lucrativo, todos definiríamos como um negócio que gere benefício o mais rápido possível, que exija um investimento mínimo, que não dependa de terceiros e que contribua para melhorar o mundo em que vivemos. Conheço somente um deles que tem ao alcance todas essas características e que pode ser aplicado imediatamente: o negócio das nossas atitudes. Qualquer pessoa que se proponha e decida trabalhar com ele obtém benefícios praticamente imediatos desde o primeiro minuto investido, e seu efeito não se dá somente na própria pessoa que investe, como também contagia e irradia as pessoas que estão ao redor, além de ajudar em sua expansão. Traduzido em termos econômicos, suponho que todos o definiríamos como um negócio de rentabilidade infinita.

Às vezes, o que dá mais trabalho é começar um novo projeto, uma nova aventura. Este livro é o guia perfeito para começar o negócio das atitudes, que acabo de propor, da rentabilidade infinita e da aplicação imediata. Às vezes, quando vemos um filme ou uma obra de teatro e depois lemos o livro ou vice-versa, geralmente preferimos uma das versões ou simplesmente pensamos que uma das versões não faz jus à outra. Nesse caso, garanto que o livro do Victor é excelente, e, se pedirem para você escolher entre o livro ou uma palestra dele, recomendo ambos.

DAVID VILA
Amigo de Victor Küppers
Vice-presidente da Renta Corporación

INTRODUÇÃO

Este é o meu segundo livro. Sinceramente, acho que não tenho nada de novo para explicar. O meu trabalho é o mesmo que o de cinco anos atrás, quando escrevi o livro anterior: cursos e palestras nas empresas, sessões para pais nas escolas e aulas de gestão comercial na universidade. Os conceitos que explico e com os quais trabalho são os mesmos que desenvolvi no meu livro anterior, porque são aqueles nos quais continuo acreditando, porque são os mesmos em que eu continuo trabalhando, e porque creio que existem conceitos e ideias que nunca mudam e que são sempre atuais. Nos dias de hoje, ainda é necessário saber o que queremos na vida, continua vigente a importância de trabalhar as nossas atitudes pessoais e lutar todos os dias para ser uma pessoa melhor, e é igualmente relevante lembrar que não há nada mais gratificante do que ajudar o próximo. Todas essas ideias sempre deveriam fazer parte da atualidade.

Eu sempre me apresento como formador, porque este é meu trabalho. Além disso, sou formador com orgulho e por vocação. No entanto, ser formador não é o mesmo que ser um especialista. Os especialistas sabem, investigam, descobrem, criam, analisam, desenvolvem ideias, criam modelos, desenham conceitos. Existem muitas pessoas que também conhecem o tema das atitudes pessoais. Os formadores não sabem.

O meu trabalho consiste em copiar, colar e transmitir. Na verdade, copiar e colar do meu jeito, o que não deixa de ser "copiar e colar". Eu me dava bem colando quando estudava no colégio, e agora é minha atividade profissional :–). Copio dos especialistas que sabem e colo da melhor forma que sei; não é ilegal. Daqui a pouco, falo sobre isso. Simples assim. Por isso, este livro não tem nenhuma ideia minha, nenhum conceito que eu tenha inventado; não, essa capacidade eu não tenho. Neste livro, você encontrará ideias de outras pessoas que eu colei e ordenei do meu jeito.

É possível também que você encontre ideias que estão no meu livro anterior. Existem conceitos que continuam parecendo essenciais e histórias que continuam me comovendo; por isso, você encontrará algumas ideias repetidas. No final das contas, como disse antes, continuo pensando do mesmo jeito, trabalhando com os mesmos temas e com o mesmo foco. Peço desculpas se você esperava algo diferente.

Além disso, todas as ideias que estão neste livro você já conhece e sabe. Já escutou sobre elas ou as leu em outros lugares. É importante que você tenha isso em conta para que não fique nervoso conforme for passando as páginas, porque, caso contrário, talvez termine jogando o livro pela janela. Tudo o que explico você já sabe, mas não se pergunte se você sabe ou não; o que você deveria se perguntar é se você põe ou não em prática o que sabe. A diferença entre os craques e os medíocres não está no saber; está em fazer. Isso é o importante; o ato de fazer é o que faz você mudar. Já dizia Chesterton que precisamos que nos lembrem das coisas, mais do que simplesmente que as ensinem.

O objetivo deste livro não é adicionar algo ao campo das atitudes pessoais; se fosse esse o objetivo, eu não teria escrito o livro, porque não tenho nada a acrescentar. Este é um livro simples, descomplicado, básico e prático, com ideias simples, descomplicadas, básicas e práticas. Aprendi que a vida é simples, muito simples, embora não seja fácil; o que acontece é que gostamos de complicá-la ou gostamos que os outros a compliquem para nós. Adoro jogar tênis, e o tênis é um esporte simples: a bola tem que passar por cima da rede e bater dentro de determinadas linhas que delimitam a quadra. É simples. Nada fácil, mas simples. Na minha opinião, a vida é igual, simples, apesar de nada fácil, mas ela fica menos fácil se, além de tudo, decidirmos complicá-la!

O único propósito deste livro é fazer você pensar. Passamos sempre tão rápido pela vida que não temos tempo de parar de vez em quando para pensar; ter alguns minutos para refletir começa a ser um luxo. Pensar, ponderar, meditar, analisar, examinar — atitudes sempre positivas e necessárias, que nos ajudam a perceber as coisas, ver tudo com perspectiva, a priorizar, a relativizar, a corrigir, a ganhar forças e a repor energias, a pôr em ordem uma vida cujo ambiente já se encarrega de desorganizar. Este é o propósito deste livro: ajudar você a refletir. Refletir sobre a sua vida, sobre as coisas que funcionam bem e sobre aquelas que deveriam mudar; tudo isso para que você tome decisões e realize as mudanças que o levem para o caminho que deseja percorrer.

Às vezes, precisamos escutar as ideias 43 vezes de formas diferentes, em momentos diferentes. Há momentos em que se trata do jeito de explicá-las, a ordem; às vezes, trata-se de uma história, de um conto, de um caso e, de repente, a nossa cabeça faz um "clique". É isso! Sim, sim, sim! Conseguir chegar a esse "clique" é o objetivo deste livro; lembrar você de coisas que já sabe, mas encaminhá-lo à ação, à prática, à implementação no seu dia a dia das ideias que você acredita que podem ajudá-lo a ser uma pessoa melhor.

Investir tempo e dinheiro em pensar como ser uma pessoa melhor sempre é um bom investimento. Certa vez, li que todos deveríamos, em alguns momentos da nossa existência, questionar a nossa vida e analisar em que área nos esforçamos. Se não fizermos isso, seremos servos do sistema, viveremos para alcançar os objetivos das outras pessoas, viveremos para trabalhar, para cumprir com as obrigações que não fazem sentido para nós. Sobreviveremos, levando a vida. Entretanto, no final, cairemos no vazio. Algumas pessoas dizem que a vida é como andar de bicicleta, que sempre precisamos continuar pedalando, e que, se você parar, vai cair. Alguém disse, certa vez, que não concordava com isso, pois, às vezes, é preciso parar a bicicleta e fazer manutenção, calibrar os pneus, olhar o mapa para saber qual será o caminho escolhido. Eu tenho essa mesma opinião; também creio que é preciso parar para pensar e fazê-lo muitas vezes ao longo da vida. Diria que quase diariamente.

A vida tem, em média, somente 960 meses. Temos que aproveitá-la; não podemos desperdiçá-la. As grandes pessoas, os craques, têm a disciplina de fazer o que sabem que é importante, o que sabem que precisam fazer, em vez de fazer o que é fácil e o que têm vontade de fazer; além disso, eles se divertem fazendo o correto. É preciso comprometimento, porque é muito triste viver a vida sem se comprometer. Que tristeza é ter vindo ao mundo para oferecer luz e ser escuridão.

Adoro Tolstói; você verá muitas frases e ideias dele neste livro. Deixo por escrito esta frase que para mim é incrível: "Existem muitos tipos de conhecimento, mas existe um mais importante que os outros: o conhecimento de saber como viver; e esse conhecimento, quase sempre, é menosprezado". No entanto, também menciono Sêneca: "Enquanto você viver, continue aprendendo a viver". Este livro pretende fazer isso: fazer você refletir em como deveria viver para dar sentido à sua vida.

Não existe ocupação mais importante do que aprender a viver. Temos que transformar a nossa vida em uma obra de arte, para que, ao final dos nossos dias, possamos dizer a nós mesmos: "Consegui!". No final, o único objetivo que temos nesta vida é lutar todos os dias para ser a melhor pessoa que posso chegar a ser. Dentro de cada um de nós, existe a vontade de viver uma vida de grandeza, de contribuição, de pôr seu grão de areia, de ajudar e fazer que os outros sejam felizes, de lutar pelo que vale a pena, de agir com princípios e valores.

Explicar as coisas é fácil; fazer o que eu faço é simples. O mérito está na luta diária em aplicá-las — aí está a grandeza das pessoas e, nesse aspecto, continuo sendo um principiante.

Espero que o livro não engane você. Desejo que seja leve e simples de ler e, o mais importante, que o ajude e que seja útil.

1 RESUMO PARA ESTRESSADOS E IMPACIENTES

Este primeiro ponto é para os estressados, para os impacientes, para os que não têm tempo, para os que querem descobrir rapidamente a essência deste livro. Se você ler este capítulo, terá uma ideia do que se trata.

Sempre que começamos a ler um livro sobre atitudes positivas, fazemos isso com vontade de melhorar e definimos muitos propósitos. No final, muitos deles ficam só nisto: em propósitos. É melhor você se propor a fazer duas coisas e cumprir pelo menos uma delas.

Eu proponho que cada pessoa seja mais entusiasta, mais alegre, mais otimista! Existe um livro fantástico de Jean Giono que se chama *O homem que plantava árvores*, simples e genial. É a história de um homem que passa a vida plantando árvores e transforma um deserto em uma imensa floresta. Para mim, é uma fábula que pode representar o entusiasmo, e assim explico nas minhas aulas. Se cada pessoa plantasse alegria e entusiasmo em outra pessoa, no final das contas este mundo estaria cheio de loucos entusiastas. Quando falo de entusiasmo e otimismo, alguns eruditos creem que se trata de um tema banal e superficial; é verdade que não se trata de um tema profundo, metafisicamente falando, mas é prático, simples e útil. Às vezes, os livros de autoajuda são criticados por esse motivo, porque "autoajudam". Não vejo problema algum que um livro o ajude; pelo contrário.

Como tantos outros, creio sinceramente que não podemos encontrar somente fora o que está dentro de nós. Corremos e lutamos para conseguir coisas externas, damos o sangue, e alguns até a vida, e, quando conseguimos algo, não nos completa ou terminamos nos acostumando e nos entediamos, retomando o sentimento de insatisfação; quando não conseguimos, sentimo-nos frustrados e péssimos. Creio que o verdadeiro bem-estar não é somente um estado externo, mas também uma situação anímica, um estado mental e emocional. Todos deveríamos definir condições para melhorar a nossa qualidade de vida externa, mas o foco deveria ser melhorar o nosso interior, pois, muitas vezes, não é possível controlar as situações externas, mas podemos controlar a nossa atitude interior com respeito a elas. A alegria interior não depende somente das causas externas. Se, para nos sentirmos bem ou felizes, precisamos esperar que tudo esteja bem na nossa vida, então já sabemos o que nos espera.

A maioria das pessoas só se sentem bem ou felizes como reação a circunstâncias favoráveis, mas existe uma alegria muito mais profunda, estável e segura e que não é mera reação a situações externas, mas algo que nasce do mais profundo de nós mesmos quando as nossas atitudes são as corretas. A felicidade é a paz interior, a calma mental, a serenidade. Sem ela, não podemos aproveitar as alegrias externas. É exatamente isso que nos falta, ou seja, serenidade e paz interior.

O apego cria ansiedade, avareza, temor, ciúmes e ódio. Não se trata de voltar-se para uma austeridade inútil ou para uma tremenda mesquinhez, mas de aproveitar as coisas externas sem deixar que elas nos dominem. Se apenas procurarmos fora, seremos transformados em máquinas de desilusão, tensão e desgraça; em colecionistas de prazeres, consumistas desenfreados e acumuladores frenéticos. Por mais que já tenhamos nos desenvolvido no nível externo dos bens materiais, se a nossa relação com nós mesmos ou com os demais for negativa, não teremos paz interior nem serenidade. Então, para que vai servir tudo aquilo? O ponto crítico reside em controlar a nossa atitude e, para isso, o ponto-chave é fomentar as emoções positivas, além de limitar e reduzir as negativas. Precisamos ser como um alquimista, que transforma nosso pensamento de má qualidade em outro de boa qualidade.

Para isso, é preciso ter claro o sentido da nossa vida e aprender a relativizar, a ser agradecido, a manter o equilíbrio entre os diferentes papeis que desempenhamos, ser otimista, ter sonhos, lutar e não chorar, ter habilidades magníficas de relacionamento com os outros, crescer em virtudes como a generosidade, a paciência, a compaixão, a bondade, o controle do ego e a liberação de emoções negativas como a inveja, o ressentimento, a cobiça, a vaidade. Um dos melhores propósitos da vida é lutar para ser uma pessoa melhor.

Aprender a viver é aprender a ser. Para desenvolver a calma mental, devemos procurar ter momentos para pensar; para aprender a pensar a fim de reconhecer o sentido da nossa vida e alinhar as nossas ações para que sejam coerentes; buscar momentos de silêncio e reflexão, porque a serenidade está no silêncio.

É bom aprender a ficar em silêncio. Todas as grandes tradições do saber humano chegaram à mesma conclusão: para se conectar com a pessoa que realmente somos, temos que dedicar tempo para permanecer em silêncio regularmente. Sim, você está muito ocupado, mas, como disse Thoreau: "Não é suficiente estarmos ocupados, assim também estão as formigas. A questão é com o que estamos ocupados". A vida está cheia de pessoas que não fazem nada, mas que estão sempre apressadas. Embora não façam nada útil, estão sempre correndo, agoniadas e estressadas, mas sem ocupar o tempo de que dispõem em algo que realmente valha a pena.

Dedicar algum tempo, mesmo que sejam poucos minutos por dia, para estar sozinho o ajudará a se manter centrado nas verdadeiras prioridades da sua vida e o ajudará a evitar a negligência que invade a vida de tantas pessoas. Dizer que você não tem tempo para estar em silêncio é como dizer que está muito ocupado dirigindo e não tem tempo de abastecer o carro; no final, você se arrependerá dessa decisão.

Entretanto, estamos em um mundo no qual muitas pessoas correm de maneira desenfreada para lugar algum, quando o importante é analisar em que você investe o seu tempo. É diferente fazer coisas e fazer grandes coisas. Não é o mesmo viver e sobreviver; tampouco, usufruir e ir levando a vida. Cuidar da nossa paz mental deveria ser prioritário, mas, claro, nunca existe tempo para o prioritário. O genial Peter Drucker já dizia: "Não há nada tão inútil quanto fazer eficientemente bem o que não deveria ser feito".

Li em algum lugar que, quando uma pessoa tem a sensação de ir a toda velocidade em direção ao nada, talvez tenha chegado o momento de se fazer algumas perguntas, algumas das quais provavelmente bastante dolorosas.

Viver feliz está relacionado com ser, não com ter. Muito menos com fazer. Simplesmente com ser.

Sempre fiquei surpreso que existam tantos mal-humorados e tão poucos entusiastas, muitas pessoas pessimistas e negativas e pouquíssimas otimistas e positivas. O entusiasmo não é algo genérico, mas um hábito que pode ser desenvolvido; os genes podem predispor, mas, no final, é uma forma de gerenciar os pensamentos diante das circunstâncias. Não se trata do que "acontece com você", mas "como você reage ao que acontece com você"; quanto a essa forma, cada um de nós decidimos. Como ser mais entusiasta? Primeira opção: esperar que as circunstâncias sejam favoráveis, que a vida sorria para nós; esta é a opção dos medíocres. Segunda opção: aprender a pensar de maneira saudável, a gerenciar os pensamentos, a escolher os pensamentos positivos e a eliminar os negativos. Aqui descrevo os propósitos que você pode pôr em prática a partir de hoje:

- O grande objetivo desta vida é lutar todos os dias para ser uma pessoa melhor e ajudar os outros; esta é a única maneira de ter uma vida plena e gratificante.
- Alegre-se com tudo o que você faz, com o trabalho, com os estudos, dirigindo, jogando tênis, em uma reunião, caminhando, no metrô — aproveite todos os momentos! Se você não gosta do que faz, vá embora, tente mudar de trabalho, faça tudo o que estiver ao seu alcance para fazer o que o apaixona; se não fizer isso, não reclame depois. Existe uma frase da qual gosto e não sei de quem é: "O truque não

consiste em fazer o que você gosta, mas em gostar do que você faz".
- Seja agradecido! Não valorizamos o que temos; muitas vezes, não sabemos como somos privilegiados. Visite um hospital, entre, sente dez minutos em uma sala de espera e, quando sair, perceberá o sortudo que é. Quando se levantar pelas manhãs, pense em três coisas pelas quais você pode agradecer a Deus; isso o fará levantar-se alegre!
- Não reclame! A vida está cheia de chorões, de reclamões. Você não gosta de alguma coisa? Mude! Não pode mudar? Tenha serenidade e concentre-se em algo que somente dependa de você; não reclame nem critique e afaste-se dos estraga-prazeres, porque eles são contagiosos! O mérito está em fazer o que precisa ser feito com atitude positiva, não resmungando.
- Tenha sonhos! Não vivemos do passado nem do presente, vivemos com os olhos no futuro; se você não tem sonhos, então está morto. Tenha sonhos! Busque-os! Qual é o seu sonho? Torne-o realidade! Compre um bom livro, organize um jantar com seus amigos, passe o fim de semana em um lugar que você ama, brinque com as crianças, escute conversas divertidas... Passeie por uma floresta; passear pela natureza é fantástico. Aprenda a passear e a aproveitar a natureza; passeie com calma, sem pressa; não leve a preocupação nesse trajeto. Seja consciente, aprenda a prestar atenção absoluta na paisagem, nos sons e nos aromas.
- Ajude o próximo! Não existe nada que o complete mais do que ajudar e fazer favores ao próximo.

Muitas pessoas precisam de ajuda. Dedique tempo; este é o presente mais apreciado, porque é o que mais valorizamos.
- Compartilhe alegria! Desenvolva o senso de humor. Somos lâmpadas com pés, e existem lâmpadas com 30 mil watts e lâmpadas que estão queimadas. Há algo melhor do que fazer os outros felizes? Madre Teresa de Calcutá dizia: "Não devemos permitir que alguém saia da nossa presença sem que ela se sinta um pouco melhor e mais feliz".
- Cuide das pessoas das quais você mais gosta! Dedique tempo a elas, diga-lhes quanto são importantes, dispense-lhes atenção e seja amável com elas. Quais são as três coisas mais importantes na sua vida? Quanto tempo você dedica a elas? Seja coerente.

2 | LÂMPADAS COM PÉS

Todas as pessoas são lâmpadas. Todos nós o somos. Porque transmitimos algo. Sensações, emoções, sentimentos; somos transmissores. Algumas pessoas chamam a isso *feeling* ou química, mas a verdade é que todos nós já o experimentamos. Algumas vezes, conhecemos uma pessoa e, depois de três segundos, pensamos: "Uau". Em outras ocasiões, conhecemos pessoas e, também depois de três segundos, pensamos: "Aff". Não sabemos o porquê, mas em três segundos tivemos uma sensação. Um *feeling*. Uma percepção. Não é racional, não é pela roupa, nem pelo rosto, nem pelo tom de voz. É simplesmente por aquilo que essa pessoa transmite. Às vezes, erramos; com o passar do tempo, mudamos de opinião, mas temos essa sensação em três segundos e a experimentamos quando olhamos nos olhos. Todos somos transmissores. Nesse sentido, todos somos lâmpadas, lâmpadas com pés, porque nos movimentamos pela vida. No entanto, nem todos transmitimos a mesma coisa; na vida, há pessoas que funcionam a 30 mil watts e pessoas que caminham queimadas. Estamos todos entre 0 e 30 mil watts :-). Gostamos das pessoas que têm 30 mil, as que transmitem alegria, entusiasmo, otimismo, honestidade, serenidade, transparência, confiança; essas pessoas impressionantes que, de vez em quando, temos a sorte de conhecer.

Lembro-me de um dia em que ia dar aula na faculdade. Era cedo, creio que 7h15 da manhã. Como geralmente fazia, antes de ir para a aula eu passava pela máquina de café, jogava uma moedinha, pegava o café e caminhava para a sala de aula. Nesse dia, encontrei dois alunos sentados em um banco. "Bom dia!", disse para eles. "O que estão fazendo sentados em um banco uma hora dessa?" "Estamos aqui, professor", disseram, "dando notas." "E para o que vocês estão dando notas?", perguntei. "Para as 'gatinhas' que estão passando." "Entendi!", respondi dando risada. "Estou com tempo, posso sentar aqui rapidinho?", perguntei. "Sim, sim, professor", responderam, "sente-se, e escolha um critério." Em um determinado momento, um dos alunos diz: "Um sete à esquerda", e os três viramos a cabeça para essa direção. De repente, outro aluno diz: "O que vocês querem que eu diga, para mim não parece grande coisa; eu daria um seis". Prontamente, comentei algo que saiu de dentro: "Que exigentes! Para mim é um nove!". Os dois viraram a cabeça e me olharam fixamente, dizendo: "Claro, professor, o senhor já tem uns quarenta e entendemos que tudo que caminha vai ser um nove para o senhor".

Como em todas as idades, nós também brincamos de dar nota, se agora formos até a janela e avistarmos pessoas caminhando pela rua, poderíamos brincar de adivinhar quantos watts transmite cada uma delas? Poderíamos adivinhar as sensações que elas transmitem? Com certeza, com algumas delas poderíamos confundir ou titubear, mas não teríamos problemas com a maioria. Só de ver essas pessoas caminhar poderíamos pensar: "Puxa, essa pessoa parece que está alegre" ou "Olhe aquela, parece triste; está um pouco queimada". Na vida, todos transmitimos esse tipo de energia, positiva ou negativa, e as outras pessoas captam essas energias. Nos relacionamentos interpessoais, a energia que desprendemos é fundamental para determinar a qualidade deles. Porque a qualidade de vida se dá segundo o que transmitimos.

Existem pessoas que transmitem sem sequer serem vistas, transmitem por telefone ou por *e-mail*. Eu gosto de montanhas, do frio, quanto mais melhor, e usando calção! Não gosto de praia, principalmente no verão. Não gosto que os meus pés queimem na areia nem que faça calor, não gosto quando a areia entra em todas as partes, nem da água quente e salgada, nem que haja muitas pessoas; resumindo, não gosto da praia no verão. No entanto, a minha mulher e os meus filhos adoram (não posso fazer nada). Desse modo, um fim de semana por ano eu faço uma "concessão" :-) e vamos à praia em um fim de semana prolongado. Como não conheço hotéis, tive a ideia de um dia tuitar, perguntando se alguém conhecia um hotel bom, bonito e barato para ir à praia com minha família. O Twitter também é fantástico para pedir recomendações. Recebi muitas propostas, de pessoas conhecidas e desconhecidas, e entre elas o nome de um hotel apareceu várias vezes. Pensei: já que estavam recomendando tanto, certamente seria um bom hotel, uma boa opção para ir com a família. Entrei no *site* do hotel, e não tinha nenhuma foto, nem sequer uma foto do hotel. Não sei vocês, mulheres, ou a esposa de vocês, mas a minha precisa ver fotos, se eu não mostrar a foto do hotel, não vou conseguir convencê-la. Fotos dos quartos, fotos do banheiro (Fotos do banheiro! Não sei por quê, mas a minha mulher é obcecada por banheiros, como se fôssemos passar o fim de semana no banheiro), fotos do jardim, fotos da piscina, fotos do restaurante... No entanto, não tinha nenhuma foto. Nem uma. Então, enviei um *e-mail* para o hotel explicando que tinham me recomendado o hotel deles e que queria fazer uma reserva, mas, como eles não tinham fotos, eu não conseguiria convencer a minha mulher. Esta foi a resposta textual que eu recebi correio eletrônico:

> Prezado Victor,
> Eu vou ajudar você a convencer a sua mulher! É verdade que não temos fotos dos quartos porque estamos melhorando a nossa página na internet e peço desculpa por isso. O chefe decidiu reformar, fazer o quê (:–)). O que posso fazer é subir ao quarto que acredito ser o melhor para as crianças e tirar uma foto com a minha câmera pessoal. Anexo as fotos neste *e-mail*. Se a sua mulher não gostar dos quartos, me avise, que falo com o chefe para trocar por outros (:–). Se precisar de mais fotos, basta pedir; é só subir e descer as escadas. Espero vocês (logo).
> Estamos à sua disposição,
>
> Ana
> Responsável pela Recepção

Quando uma pessoa recebe e lê um *e-mail* como este, o que pensa? O que você pensaria? Eu lembro em que pensei: "De que planeta você saiu?". Algumas vezes, temos muita sorte ao conhecer esse tipo de pessoas, aquelas que, quando você conhece, pensa: "O que você comeu no café da manhã hoje? De onde você saiu? De que planeta veio?" Estas são as pessoas que transmitem 30 mil watts.

Como seria um *e-mail* sério e profissional? Talvez um assim: "Prezado Cliente. Neste momento, estamos atualizando a nossa página na internet e não temos fotos disponíveis. Em algumas semanas, será possível vê-las na nossa página. Pedimos desculpas pelo inconveniente. Atenciosamente, Ana". Este seria um *e-mail* sério e profissional; estamos rodeados de pessoas sérias e profissionais, especialmente as sérias, muito sérias. Existem outras, porém, aquelas que, ao conhecermos, pensamos: "Uau! De que planeta veio?".

Transmitir não significa ser barulhento ou extrovertido. Existem pessoas muito extrovertidas que transmitem muito, mas também existem as que são muito entediantes. Ao mesmo tempo, existem pessoas introvertidas muito chatas e que não transmitem nada, mas também existem as que transmitem, e muito! Transmitir não tem nada a ver com o caráter nem com o temperamento. Está relacionado com apaixonar, com irradiar uma série de virtudes como honestidade, integridade, confiança, bondade, alegria, serenidade, paz, humildade, profissionalismo, generosidade e amabilidade. As pessoas que vivem com 30 mil possuem essas qualidades. Todos nós gostamos de viver, conviver, trabalhar, passar um tempo com esse tipo de pessoas. Nos próximos capítulos, falarei sobre o que essas pessoas fazem, o que elas têm em comum e sobre o foco delas na vida. Todos podemos ter 30 mil. Esta é uma decisão pessoal.

Lamentavelmente, estamos em um ambiente que não ajuda. Muitas pessoas estão desanimadas, estão com a lâmpada queimada. Não porque sejam pessoas más ou fracas. Não, não. Simplesmente porque estamos vivendo em um ambiente que tende para o desânimo. A crise econômica, os problemas sociais, a pouca credibilidade da classe política, a instabilidade dos empregos, a insegurança crescente que temos com relação ao futuro, entre outros, são fatores que vão acumulando até que nos desanimam, especialmente porque já estamos passando por essa situação há anos. Além disso, muitas pessoas começam a perder a esperança, pois não veem a luz no fim do túnel (algumas pessoas dizem que isso não é um túnel, mas, sim, um buraco, por isso não vemos a luz). Todos temos amigos ou familiares que estão desempregados — uma situação nova que há cinco anos não acontecia —, quantas pessoas estão sofrendo por causa do trabalho ou porque teve cortes salariais. A essas preocupações, somamos os problemas pessoais que cada um de nós pode ter; um problema de saúde, um relacionamento amoroso complicado, uma mãe idosa em uma situação delicada ou um filho adolescente. Se somamos todos esses problemas, é lógico que vamos desanimar, que estejamos rodeados de pessoas desanimadas. Acontece que os estados de ânimo contagiam. E muito. Por isso, de uma crise econômica passamos a uma crise de estado de ânimo, a uma crise de "affffff". Não sei muito bem se é assim que se escreve, mas o fato é que estamos perdendo a paixão, estamos perdendo o sonho, a vontade, a energia, o compromisso, a alegria de fazer as coisas. A cada manhã nos levantamos com menos energia, com menos entusiasmo e só queremos chegar em casa, ligar a TV e deixá-la ligada. Não temos nem vontade de falar. Se chegamos em casa cansados, e o nosso filho diz: "Papai, me conta uma história?", a resposta poderia ser: "Ai, o papai hoje está sem paciência para histórias, já teve que escutar muitas hoje". Se o nosso cônjuge propõe jantar fora ou sair para dar uma volta, a resposta também poderia ser: "Ah! Hoje não estou bem para passear", "Que tal planejarmos alguma coisa para o final de semana?", "Ah! Melhor ficarmos tranquilos em casa"; "Vamos ao cinema?", "Ufa, por que você não vai com as suas amigas?". Este é o estado de ânimo em que muitas pessoas estão caindo.

Estamos em um ambiente que não favorece. Manter o ânimo significa nadar contra a corrente, exige um esforço enorme; por isso, é fácil perdê-lo. Muitas pessoas perderam o ânimo sem perceber, porque o ânimo se perde progressivamente, sem que nos demos conta.

Há muitos anos foi feito um experimento que reflete muito bem essa ideia. Colocaram uma rã dentro de uma panela com água c, depois, levaram a panela ao fogo. A temperatura foi subindo: 5°C, 10°C, 35°C, 55°C, 105°C. Quando a água estava fervendo, imagine como a rã estava. Frita, morta. Bom, mais que frita, cozida. Dura. Em seguida, o experimento foi feito de outra forma: colocaram a água para esquentar, mas sem a rã dentro da panela. A água ia esquentando e, quando chegou aos 100°C e estava fervendo, pegaram a rã e a jogaram dentro da panela. O que aconteceu com a rã nesse caso? Pulava da água e saia da panela, viva. Qual era o intuito desse "sádico" experimento? Por que a rã morreu no primeiro caso, mas não no segundo? Muito simples; no primeiro caso, a rã não era capaz de distinguir as pequenas mudanças de temperatura, não percebia a diferença entre 10,1°C e 10,2°C; entre 31,3°C e 31,4°C; entre 51,6°C e 51,7°C; por isso, chegou o momento em que já era tarde e, assim, bateu as botas. No segundo caso, a mudança entre a temperatura ambiente e a água fervendo era tão grande que a rã se dava conta e podia reagir.

Com o estado de ânimo acontece exatamente igual ao primeiro caso da rã em uma panela de água cuja temperada sobe aos poucos. As mudanças de ânimo são tão pequenas e tão imperceptíveis que quase não as percebemos. O nosso estado de ânimo pode ir diminuindo paulatinamente nos últimos tempos sem que o vejamos. Não nos damos conta, mas quem sabe há cinco anos talvez tenhamos sido maltratados pela vida, a 99/100 de estado de ânimo; há quatro anos, estávamos com 92; há três anos, com 8; há dois anos, com 82; agora, com 78. Não percebemos que acabamos perdendo parte do ânimo. É parecido como quando você encontra uma pessoa que não viu nos últimos dez anos; de repente, você vê todas as mudanças que ocorreu nesse tempo. "Nossa, como você engordou, perdeu cabelo e agora tem rugas". Com certeza, a outra pessoa diria: "Sério? Eu estou igualzinho que há dez anos, igualzinho". Isso é o que acontece quando nos vemos todos os dias; as mudanças diárias são tão insignificantes que não percebemos.

Temos que estar alerta, não podemos perder o ânimo, porque, se perdemos o ânimo, perderemos tudo. Se perdemos o estado de ânimo, já não nos sobrará nada. Temos que cuidar dele como o nosso bem mais precioso. A vida seguirá de acordo com o nosso estado de ânimo, porque dele depende tudo. É do nosso estado de ânimo que vem a vontade de lutar, a força para perseverar, o desejo de fazer as coisas, a alegria, o otimismo, a esperança, o entusiasmo. Uma pessoa que perde o ânimo é uma pessoa morta, um zumbi. Continua respirando, mas deixou de viver. De fato, existe uma grande diferença entre viver e sobreviver.

As pessoas que mantêm o ânimo não são aquelas que são bem-sucedidas em tudo o que fazem, que não têm problemas nem preocupações. Isso não é verdade. É fácil estar contente quando as coisas estão bem, mas o mérito está em ficar feliz quando as coisas não vão tão bem assim. Gosto muito de uma frase que diz: "Somente durante a maré baixa é possível saber quem nada nu". Não conhecemos as pessoas grandiosas, entusiastas, alegres, positivas até que cheguem os momentos difíceis; é nesses momentos quando precisamos demonstrar quem somos. Todos conhecemos pessoas entusiastas que têm muitos problemas; são as pessoas mais fortes as que têm mais mérito. Lembro-me de uma ocasião em que voltava tarde de uma viagem. O voo estava atrasado e, além disso, tinha parado na última saída do aeroporto de Barcelona. Saí apressado do terminal para pegar um táxi, e a primeira coisa que fiz foi ligar para casa e avisar a minha mulher que chegaria em casa logo. Quando entrei no táxi, percebi que o motorista era muito, muito lento. A saída do aeroporto de Barcelona tem cinco pistas, e às 11 da noite não tem trânsito. O taxista estava dirigindo a 56 km/h. Era daqueles carros cuja velocidade no painel se vê com números, não com uma agulha no velocímetro. Como sou uma pessoa muito impaciente, aguentei poucos minutos antes de dizer a ele, ironicamente: "Desculpe, motorista, o tripartido já não existe mais, e o limite de velocidade é de 120 km/h (tripartido era o governo autônomo da Catalunha formado por três partidos políticos diferentes, governo este responsável por ter reduzido os limites de velocidade em todos os acessos da cidade de Barcelona para 80 km/h ou até mesmo para 60 km/h em alguns locais). O motorista me olhou, sorriu e perguntou: "Perdão, alguém está esperando o senhor?". "Sim, a minha mulher. Acabei de ligar e disse que chegaria em 15 minutos. Nessa velocidade, vamos demorar muito mais, então ela vai pensar que eu a traí", respondi. O motorista continuou sorrindo e me disse: "Ah, entendi!

Se for por isso, não se preocupe, relaxe, vou escrever no recibo do táxi uma observação explicando que, pelo menos dentro do táxi, você não estava com ninguém". Com essa resposta, ele conseguiu me fazer sorrir. Expliquei que era tarde e que estava cansado, e perguntei por que ele não dirigia um pouquinho mais rápido. Ele me disse: "Não tenha tanta pressa, se o senhor quiser, eu conto coisas sobre Barcelona e com isso a viagem vai ficar mais interessante". "Eu moro aqui!", respondi um pouco nervoso. "Por isso mesmo — disse com um tom simpático —; os que moram aqui são os que menos sabem." Ele me fez rir novamente e perguntei sério qual era o motivo de ele dirigir em uma velocidade tão reduzida. "Então, senhor, é verdade que eu poderia ir muito mais rápido, sem dúvidas. Poderia, sim. No entanto, se eu fizesse isso, gastaria mais rápido o combustível. Atualmente, tenho que trabalhar 16 horas por dia para que, no final do mês, eu possa manter a minha família. Se eu dirigisse a 120 km/h somente agora, não aconteceria nada, mas, se eu fosse sempre nessa velocidade, não chegaria nem até o final da semana, porque gastaria tudo somente em gasolina. A 56 km/h, o consumo abaixa muitíssimo, e economizo suficiente gasolina para chegar até o final do mês. Eu entendo que o estão esperando e também compreendo que o senhor quer chegar à sua casa. Claro. Não quero que fique nervoso, mas peço que se ponha no meu lugar. Estou disposto a fazer tudo que seja possível para que esta viagem, que será um pouco mais longa, seja também mais interessante". Tratava-se de uma lâmpada com pés de 30 mil watts; tinha me demonstrado que era uma pessoa magnífica que poderia ter reagido muito pior diante da minha primeira resposta irônica, e, de repente, a empatia me ajudou a entender a situação do taxista e sentir uma grande afinidade por esse senhor que estava tendo problemas, mas que mantinha um sorriso e o bom humor. "Então, me explique coisas de Barcelona, se for sobre o Barça, melhor ainda"— eu disse, por fim. Relaxei e aproveitei o trajeto até a minha casa. Aquele grande homem me deu uma grande lição. Existem pessoas que têm muitos problemas, mas que mantêm sua lâmpada intacta. Olé!

As pessoas que vivem com sentido, as pessoas entusiastas, as pessoas felizes, são aquelas que têm 30 mil watts. Conseguir essa façanha não é fácil e exige um grande esforço, mas é gratificante, muito gratificante. É a diferença entre viver uma vida plena e viver uma vida de dar pena.

3 OS MEDÍOCRES SABEM; OS CRAQUES FAZEM

Tudo o que escrevi neste livro você já sabe. Se estiver procurando a fórmula mágica ou um método revolucionário, pode voltar correndo para a livraria para devolver o livro. Você não vai encontrar isso aqui. Não conheço tal fórmula magistral. Se alguém estiver procurando a última tendência na gestão de atitudes pessoais, também pode devolver o livro, porque as próximas páginas não vão explicar isso, pelo simples motivo de que eu não sei quais são. Tudo o que vai ler aqui você já sabe. Estou avisando agora para evitar que as pessoas fiquem impacientes na quinta página de um livro porque não encontram a receita milagrosa. Digo agora para que você não fique nervoso. Tudo o que você vai ler você já leu em outros lugares. No entanto, não se preocupe nem se irrite. Não se pergunte se você sabe ou não sabe, melhor é se perguntar se você o põe em prática ou não. Este é o desafio. Saber todos sabemos. Entre o craque e o medíocre a diferença não está em saber; está em fazer. Todos sabemos, mas apenas os grandes fazem. A ação é o que importa. É muito melhor fazer duas coisas do que saber 122. Com muita frequência, aquilo que lemos e aprendemos se transforma em uma parte da nossa biblioteca em vez de se transformar em uma parte da nossa vida. As ideias não servem, exceto se são executadas.

Incentivo você a pôr a mão na massa, a que se esforce todos os dias para praticar o que aprendeu. Poucas coisas, se quiser, coisas pequenas, simples. No entanto, execute-as. Avançar é a melhor forma para não retroceder. Por mais que você dedique tempo refletindo, de nada adianta se você não atua. O segredo para conseguir as coisas consiste em atuar, atuar! O mecanismo da "ignição automática" é "faça agora".

A pessoa melhora e avança passo a passo, atuando; a teoria é muito boa, mas a prática é muito melhor. Walt Disney tem uma frase muito boa que condiz com essa linha de pensamento: "Para fazer algo, é preciso deixar de falar e começar a agir". As pessoas que avançam são aquelas que, quando escutam ou leem uma boa ideia, a põem em prática logo em seguida, assim que podem. Elas se voltam para a ação. Aprender e não fazer é o mesmo que não aprender; saber e não fazer é igual a não saber.

Todos queremos, todos desejamos, todos nós gostaríamos de fazer ou alcançar alguma coisa. A única maneira de conseguir é pondo a mão na massa, atuando, fazendo. Não pense no que vai fazer, não diga o que você quer fazer, simplesmente faça. Sem desculpas, sem complicações. Para alcançar o sucesso no âmbito que você deseja, primeiro é necessário saber o que você quer: isso é muito importante; existem muitas pessoas que não conseguem o que querem porque nem sabem o que querem ou a vida não lhes oferece mais porque não esperam muito delas. Quando você souber o que quer, deve saber o que precisa fazer para alcançar a sua meta e, por último, entrar em ação. Fazer é a diferença entre desejar e decidir; querer não é o mesmo que fazer. Este livro trata de aprender a ser uma pessoa melhor, mais alegre, mais entusiasta, a viver com princípios, a se aproximar da grandeza e escapar da mediocridade. Está cheio de ideias que você pode utilizar, que pode começar a aplicar imediatamente. Não são ideias minhas; na verdade, são todas copiadas, aprendidas ou lidas, mas são as ideias nas quais eu acredito, ideias das quais gosto. Coisas simples, fáceis, possíveis de serem aplicadas. Pouco a pouco, passo a passo, você avançará. Nós nos sentimos felizes e orgulhosos quando sabemos que estamos avançando e melhorando.

Se quiser prosperar, tem que aprender mais e aplicar o que você aprende. É uma questão de sentido comum. Então, vamos parar de falar e pôr a mão na massa. Já sabemos que você sabe disso. Agora, mãos à obra. Vamos!

4 É QUESTÃO DE ATITUDE, BABACA!

O valor de uma pessoa, na minha opinião, está determinado pela seguinte fórmula: v = (c + h) x a. Esse valor determina primeiramente os conhecimentos que tem. Ter conhecimentos na vida é muito importante em tudo o que vamos fazer. Para dar uma aula de matemática, é preciso ter conhecimento; para dirigir um carro ou para fazer um bom café, é necessário ter conhecimento. Caso contrário, perguntem a Montse Figols, do Hotel Coma; ela faz os melhores cafés do planeta. Além dos conhecimentos, as habilidades ("h") também são importantes. Com o tempo, aprendemos a fazer coisas de uma maneira melhor; a experiência ajuda a melhorar, porque ninguém nasce sabendo. A primeira vez é difícil, a segunda custa um pouco menos e, na terceira, fica muito melhor; com o tempo, vamos aprimorando as habilidades. Aprendendo. Em seguida, vem o "a", ou seja, a atitude. Uma pessoa vale por seu "c", vale por seu "h", mas, o mais importante de tudo é o "a". O importante da fórmula é que o "c" soma, o "h" soma, mas o "a" multiplica. A diferença entre os craques e os medíocres está na atitude, no seu modo de ser. Esta é a diferença entre as pessoas grandiosas e as medíocres.

Não quero dizer que os conhecimentos ou as habilidades não sejam importantes — nada disso —, pois são muito importantes; não existe nada pior que um inútil motivado. Se uma pessoa não tem conhecimento nem experiência, que, pelo menos, não tenha iniciativa também; melhor ficar quietinho no seu lugar; caso contrário, pode ser um perigo. Já diz o ditado popular: "Se você não sabe, não toque". O que eu quero dizer é que já que o "c" e o "h" são muito importantes, o fator diferencial, ou seja, o que multiplica, é a atitude. A atitude faz que as pessoas deem o melhor de si mesmas.

Você não é uma pessoa grandiosa, que sei que é, por causa dos seus conhecimentos; tampouco é grande por suas habilidades nem por sua experiência. Você é uma pessoa grandiosa pelo seu modo de ser. Ninguém valoriza você pelo conhecimento que tem, nem o valoriza pelas suas habilidades, mas o valorizam pela sua atitude e pelo seu modo de ser. Todas as pessoas fantásticas têm uma forma de ser fantástica, e todas as pessoas imprestáveis têm uma forma imprestável de ser. Simples assim. Vamos nos transportar para o âmbito profissional. Pense nos diferentes chefes que você teve na sua vida profissional. Qual você escolheria? Qual deles escolheria se pedissem para que ficasse com apenas um? Tenho certeza de que você não o escolherá por causa dos conhecimentos que tivesse, nem por suas habilidades, mas o escolherá por sua forma de ser. Claro que esse chefe, ou chefa, tinha conhecimentos e, com certeza, habilidades, mas o que fazia a mágica, o que fazia que essa pessoa fosse maravilhosa era seu modo de ser! Em algumas ocasiões, visto que os meus clientes sabem que eu dou aula de gestão comercial na universidade, pedem que eu indique alunos para suas empresas: "Sabe, Victor, alguém que tenha um bom perfil e potencial". Ultimamente, tenho respondido o seguinte: "Olha, com esta crise que estamos enfrentando, há alunos à beça para escolher.". Imagine que eu lhes apresente dois candidatos ou candidatas. O primeiro estudou na Universidade de Wisconsin, EUA. Se você olhar o histórico, distinções, distinções, distinções. Muitas distinções acadêmicas, uma fera. Depois, foi para Michigan, fazer um mestrado em Finanças. Número um de sua turma; as pessoas o desejam. Antes de voltar para a Espanha, passou uns dias em Nova York; não para fazer compras, não, não — que nada! Ele foi fazer um curso de futuros e derivados financeiros na Columbia University. Se for à casa dele, verá que ele tem três calhamaços de jornais no criado-mudo, *Expanción, Cinco Días* e *Financial Times*. Todos sublinhados: em vermelho, o que é importante, e , em azul, o que é secundário. Debaixo de sua cama, relatórios do Banco Central Europeu, organizados por datas e setores. Se você lhe perguntar quanto está o Euribor, ele responderá com atualizações a cada duas horas e informará quatro decimais, apesar de a taxa ter somente dois. No fim de semana, está conectado o dia todo na Internet, não no Facebook ou no Youtube, mas no *blog* de Alan Greenspan, que era seu ídolo, lendo o que acontecerá nos mercados asiáticos e no câmbio dólar/euro. Ele sabe tudo; uma máquina financeira. Pequenos inconvenientes: é um pouco arrogante, prepotente, não se preocupa com os demais, é egoísta, perde a paciência com os clientes, não trabalha em equipe, preguiçoso, tem muitas dúvidas, vigia o caixa, pessimista, negativo, um mal-humorado.

Existe uma segunda opção. Essa pessoa estudou na universidade pública espanhola (não tenho nada contra; pelo contrário, colaboro com algumas, mas não sem Michigan ou Columbia). O curso de Administração de Empresas, que é simples, em vez de durar quatro anos, durou nove para essa pessoa, porque entre festa e não festa, farra e não farra, foi alongando sua vida universitária. O *Financial Times*? Sabe que existe, como não vai saber! Mas ler que é bom, nada; agora, o *Sport*, sim, todos os dias! Já até ouviu falar de Alan Greenspan, creio que todos já escutaram o nome dele, certo? Para essa pessoa, porém, esse nome parece mais uma marca de gim do que o nome do ex-presidente do Sistema de Reserva Federal dos Estados Unidos. No entanto, é uma pessoa íntegra, honesta, honrada, agradável, que apaixona o cliente, que trabalha em equipe, colaboradora, generosa, amável, otimista, entusiasta e positiva. Sinceramente, quem você acha que tem mais futuro? Com qual deles você ficaria? Bom, é verdade que usei dois extremos. Também é verdade que, às vezes, as empresas se enganam na contratação. Os conhecimentos são importantes e a experiência também, mas as pessoas grandiosas são o que são pelo modo de ser. Um exemplo: entramos em uma empresa financeira, e existem duas pessoas. À esquerda, uma pessoa com cara de tonta, triste e séria; à direita, uma pessoa alegre com um sorriso no rosto. Para qual direção o seu corpo se inclina? Ou você vai perguntar quem estudou em Michigan ou que nota tirou em macroeconomia? Claro que não! Nas relações humanas, o mais importante é o modo de ser das pessoas, suas atitudes e o que transmitem.

Se pensamos nas nossas relações pessoais, é muito mais fácil de visualizar. Como escolhemos as nossas amizades? Alguém escolhe amigos ou amigas por causa do currículo?

"Bom, me manda o seu histórico escolar antes que a nossa amizade fique séria, porque já estamos ficando muito íntimos; quero ver primeiro as suas notas antes de continuarmos com isso". Claro que não fazemos isso! Escolhemos os nossos amigos por sua forma de ser, por sua atitude, e gostamos deles por esse motivo. Uns serão mais espertos e outros mais lentos, mas não deixaremos de ser amigos por causa disso; gostamos deles como são. Não pelo que eles sabem. Por quem nos apaixonamos e por qual motivo? Seria por causa dos conhecimentos? Das habilidades? Ou do modo de ser? Muitos de nós somos pais e mães. Somos bons pais e mães? Com base em quê? Melhor perguntar aos nossos filhos. "Como é o seu papai?" Vamos ver o que eles dizem. "Meu papai é fantástico." "Ah é? Por quê?" O que eles vão dizer? "Catorze anos de experiência no setor?" O mais provável é que digam que o pai é fantástico porque o ama, porque o apoia, porque é divertido, porque conta histórias, porque o faz rir, porque se irrita, mas logo passa a irritação, porque brinca com ele de goleiro etc. Isso é o que os nossos filhos pedem; por isso, eles nos valorizam e gostam de nós; pelo nosso modo de ser, pelo tipo de pessoas que somos. Não nos valorizam pelos conhecimentos ou pelas habilidades que temos. Você vale tanto quanto vale a sua atitude; o seu valor equivale à sua maneira de ser.

Muitas pessoas se concentram excessivamente em conhecimentos e habilidades; pensam que são grandiosas porque sabem muito, porque têm muitos diplomas ou pelos anos de experiência, mas o problema pode ser a atitude delas; porque, se você é um arrogante, não importa se sabe muito; o problema é que você é arrogante, e ninguém gosta de trabalhar, se relacionar ou viver com arrogantes;

todos preferimos alguém que seja menos esperto, no entanto mais agradável, uma melhor pessoa, ainda que não tenha muito conhecimento. Gostamos das pessoas por seu modo de ser e por sua atitude.

O que é impressionante é que uma pessoa pode ter a atitude que desejar. Podemos ter a maneira de ser que decidirmos ter. Somos tão grandes quanto nos propusermos a ser.

5 PESSOAS FANTÁSTICAS, HÁBITOS FANTÁSTICOS!

As pessoas fantásticas têm maneiras de ser fantásticas e vice-versa. Como já vimos, as pessoas não nos admiram por nossa inteligência ou por nossa experiência, mas nos admiram pelo nosso jeito de ser. Não seremos grandes pessoas, pais fantásticos nem amigos extraordinários por sabermos muitas coisas ou por termos grandes habilidades; seremos, sobretudo, por nossa forma de ser. A vida é para nós de acordo com a nossa maneira de ser porque a nossa vida está configurada pelos relacionamentos que mantemos com os demais, e esses relacionamentos dependem principalmente de como somos.

O que as pessoas fantásticas têm para que sejam tão extraordinárias? De onde vem esse jeito de ser? Evidentemente, o nosso modo de ser tem um componente genético importante, o temperamento, sobre o qual não podemos influenciar. A doutora Sonja Lyubomirsky em seu livro *A ciência da felicidade* estabelece que 50% do nosso modo de ser e da nossa felicidade depende da genética. Ela é a *expert* mais importante no mundo que estuda o tema, e não me atrevo a discutir suas investigações. Com certeza, a genética certamente nos influencia, nos condiciona, mas não é determinante. Isso porque — felizmente — adicionamos ao temperamento que temos os nossos hábitos, o nosso comportamento, os nossos princípios, as nossas atitudes, e estes, sim, nos definem melhor como pessoas; são eles os responsáveis finais que configuram a nossa maneira de ser. As pessoas fantásticas têm um jeito de ser íntegro, honesto, ajudam os outros, são alegres e entusiastas, generosas e trabalhadoras. São otimistas, amáveis, agradecidas, tolerantes, abertas ao diálogo, humildes. Independentemente dos nossos genes, podemos desenvolver todos esses comportamentos. Somos o conjunto dos nossos hábitos porque os hábitos configuram a nossa maneira de ser. Os hábitos nos ajudam a desenvolver comportamentos positivos que também podem melhorar possíveis "falhas" genéticas. Podemos ter um temperamento impaciente, egoísta ou pessimista, mas podemos desenvolver hábitos que nos transformem em pessoas mais pacientes, mais alegres, mais otimistas, mais entusiastas e mais generosas. Existem pessoas que pensam ou que dizem: "Sou assim mesmo e não posso fazer nada; quem gostar, tudo bem; quem não gostar, azar o dele". Não é verdade, e as outras pessoas não têm culpa das suas deficiências genéticas; não somos escravos da nossa genética, porque podemos lutar e nos esforçar para melhorar a nossa índole e o nosso temperamento. Entre 0 e 100, eu posso ter nascido com -25 de paciência. O meu maior defeito é a impaciência. No entanto, o fato de eu ser -25 no quesito paciência não significa que eu não possa ser mais paciente. Não serei a pessoa mais paciente do mundo, mas, se eu me esforçar, posso chegar a ser +30% paciente, e para mim isso será um enorme sucesso. Existem pessoas que nasceram com +50 de paciência; para elas, a meta é chegar a +80. No final das contas, a vida não consiste em ser o melhor ou ser melhor que os demais, e sim em ser a melhor pessoa que pudermos ser. A genética não é uma desculpa; é uma desvantagem ou um dom, mas não é uma desculpa. Se melhorarmos os nossos hábitos, melhoraremos também a nossa base genética, além de melhorarmos o nosso modo de ser.

Portanto, um jeito de ser fantástico pode ser obtido com o desenvolvimento de hábitos fantásticos, porque os hábitos fantásticos são os que caracterizam as pessoas fantásticas. Por isso, temos o desafio de definir quais hábitos queremos incorporar ao nosso modo de ser e nos esforçarmos para que formem parte do nosso comportamento habitual. William James, grande psicólogo norte-americano, definiu de forma magistral: "Plante uma ação e colherá um hábito; plante um hábito e colherá um caráter; plante um caráter e colherá um destino". No entanto, tudo começa com uma ação, uma simples ação. Em seguida, repita essa ação; o resto virá como consequência.

Se queremos ser pessoas melhores, se queremos ter melhores resultados na vida, devemos atuar com relação aos nossos hábitos. Aristóteles já explicava a importância da Lei de Causa e Efeito: "Para cada efeito existe uma causa determinada; se quiser mudar o efeito, atue na causa". Portanto, os resultados da vida de cada pessoa são o efeito e o modo de ser de cada um; os nossos hábitos são a causa. Jesus Cristo também explicou a Lei da Semeadura, "plante e colha".

Se você quer colher uma vida fantástica, precisa plantar com um modo de ser fantástico!

Como se desenvolvem os hábitos positivos? Em primeiro lugar, querendo desenvolvê-los; depois, esforçando-se para que eles se transformem em hábitos. E por onde começamos? A cadeia é simples: um determinado valor provoca um pensamento, um pensamento gera uma atitude, uma atitude gera uma ação, uma ação repetida configura um hábito, um hábito forma o nosso caráter, a nossa maneira de ser; por último, a nossa maneira de ser é o que configura o nosso destino. Assim, a origem está nos nossos valores fundamentais; é aí onde está a causa definitiva que configura os efeitos da vida de cada pessoa.

Se não gostamos dos resultados que colhemos na vida, deveríamos analisar as nossas ações que, por sua vez, configuram os nossos hábitos; se não gostamos das nossas ações, deveríamos analisar os nossos valores. Desse modo, podemos começar a melhorar a nossa maneira de ser.

Controlando os nossos pensamentos e a coerência destes com os nossos valores, controlamos a nossa atitude, as nossas ações e os nossos hábitos. Estes, como explicamos, determinam os resultados da vida que temos, ou seja, os efeitos, sobre os quais não temos controle. Muitas pessoas se frustram ao tentar controlar os efeitos em sua própria vida quando o que deveriam fazer é atuar nas causas que os provocam. O nosso mundo exterior é um reflexo do nosso mundo interior.

Resumindo o processo e para não perdermos o rumo:

virtudes – pensamentos – atitude –
ação – hábito – caráter – resultados

Por isso, devemos estar centrados primeiro nos valores e nos princípios nos quais cremos, porque assim aprenderemos a pensar melhor e, caso mudemos a nossa forma de pensar, poderemos mudar de vida. Os hábitos positivos se chamam virtudes; os negativos, vícios. Primeiro, decida incorporar virtudes fantásticas à sua maneira de ser. Depois, ponha-as em prática até que se transformem em hábitos. Somente depois, você sentirá essa alegria interior que provoca a verdadeira felicidade. Inicialmente, somos nós que criamos os nossos hábitos, mas, depois, são esses hábitos que nos transformam no que somos.

Daniel Goleman explica em seu livro *Inteligência emocional* como funciona a nossa cabeça e como criamos hábitos através das vias neurais. A força da repetição de um comportamento cria na nossa cabeça um sistema de conexões neurais, uma via neural, que faz que a realização de um ato seja algo muito simples e "automatizado". Por exemplo, existem diferentes formas de "copiar e colar" no Word. Algumas pessoas utilizam o menu "Editar > Copiar" e depois "Editar > Colar"; outros utilizam o botão direito do *mouse* para copiar e colar; outros, ainda, usam as teclas "Ctrl + C" e "Ctrl + V". Sem nenhuma dúvida, a maneira mais rápida é a última. Entretanto, se você não está acostumado com nenhuma das opções anteriores, mudar esse hábito exigirá um pequeno esforço. O primeiro dia que tente fazer com o atalho do teclado, você não saberá como posicionar os dedos, e a sua cabeça vai dizer: "Desista e volte a fazer como estava acostumado". A cabeça sempre enviará a mesma mensagem quando quisermos mudar um hábito: "Não, não, não; não complique a vida". É lógico, a mente se movimenta pela zona de conforto; ela não gosta de se sentir incômoda. Gostamos da rotina, da inércia e do que dominamos. Não gostamos de correr o risco, evitamos o que não dominamos, rejeitamos o que é complicado; no entanto, para crescer precisamos sair da comodidade. Quanto mais tempo você se sentir incomodado, mais a sua zona de segurança será expandida. Os medíocres desistem e voltam ao hábito anterior. As pessoas grandes tentam. A primeira vez que copiam e colam utilizando as teclas, a cabeça delas cria um "fiozinho neural"; ainda não é uma via, apenas uma conexão muito fraca, mas, no final das contas, é uma conexão. Se continuam se esforçando, esse "fiozinho" vai se fortalecer; pouco a pouco, vai ficando mais forte, o esforço vai ficando cada vez menor, mais fácil, e notam que já estão se acostumando; no final, já lhes parece algo natural; já possuem uma nova via neural, e a antiga, por falta de uso, vai desaparecendo. Já têm um novo automatismo, foi difícil, mas é muito melhor do que o anterior; cresceram como pessoas. Esse mesmo mecanismo funciona para qualquer hábito: ser mais paciente, mais tranquilo, aprender a escutar, ter mais empatia ou ser mais positivo.

Melhorar exige tempo. Alguém escreveu que são necessários 21 dias para mudar um hábito; não sei exatamente por quê. Eu gosto dessa ideia, mas não sei se existe uma base científica demonstrável. Em todo caso, o importante é entender que mudar um hábito não é simples, exige tempo e esforço, porque temos outros hábitos aprendidos que nos condicionam, mas o esforço vale a pena para que sejamos melhores pessoas.

Talvez sejam necessários anos para que ocorra a mudança, quem sabe; no entanto, não é preciso muito tempo para começar a mudar; você pode decidir agora mesmo o que deseja mudar. É possível começar a mudar agora mesmo! Muitas pessoas pensam que são necessários meses e anos para mudar de vida, mas não é verdade. Uma pessoa muda de vida no momento em que ela decidir mudar do fundo do coração. Não são necessários anos para mudar, é possível mudar agora! A mudança ocorre no momento em que se toma a decisão de mudar.

Quando uma pessoa quer mudar, a maior resistência está no começo; o esforço maior está no começo do processo de mudança, porque a zona de conforto tem uma força de atração muito potente. Do mesmo modo que um foguete espacial utiliza mais combustível durante os primeiros minutos após o lançamento do que utilizará nos dias seguintes, durante os quais percorrerá mais quilômetros, uma vez que você supere os primeiros dias, perceberá que permanecer no caminho correto com um novo hábito será muito mais fácil. Talvez o tema dos 21 dias seja apenas uma forma de dizer que é preciso "um determinado tempo", mas também é verdade que muitos cursos para parar de fumar falam da grande barreira de três semanas, que são os 21 dias.

Para mudar um hábito, há três passos necessários: querer, saber e fazer. O mais importante é o primeiro. Quem tem um motivo encontra a maneira. Quando a motivação é forte, o esforço se mantém. Quando a motivação é fraca, desistimos logo no primeiro obstáculo, contratempo ou esforço. Se eu perguntar se você se acha capaz de aprender mandarim em dois meses, com certeza você diria que não. Se, para tal feito, você ganhasse um prêmio de 27 milhões de euros ou, melhor ainda, 127 milhões de euros, com certeza você diria que pelo menos tentaria. Quando o assunto é desenvolver hábitos, a motivação é tudo.

6 TENHA A ATITUDE QUE QUISER

Somos nós que controlamos o que pensamos. Quantas vezes lemos aquela frase que diz: "O importante não são as circunstâncias, ou o que acontece conosco, mas, sim, a percepção do que nos acontece". Já lemos essa frase muitas vezes. Isso é um fato. Por que não a aplicamos? Porque é difícil, exige esforço e geralmente procuramos receitas milagrosas.

É verdade que existe a questão da genética de cada um, é verdade também que existem circunstâncias e acontecimentos que nos condicionam. Não é a mesma coisa, por exemplo, estar com dor ou estar bem de saúde; uma segunda-feira não é a mesma coisa que um sábado; não é a mesma coisa quando o seu time ganha que quando ele perde. É verdade. Existem circunstâncias no nosso contexto que condicionam a nossa atitude, a nossa maneira de ser, o nosso estado de ânimo. De fato, elas nos condicionam. Mas condicionar não é determinar. Entre a circunstância e a nossa atitude, existe um espaço único, próprio. Trata-se da nossa capacidade de pensar.

Epiteto explicava que uma ideia, por mais que seja repetida, não deixa de ser válida: "Não é o que acontece conosco que nos afeta, mas o que dizemos sobre o que acontece conosco". Entre um estímulo e a resposta que damos a ele, existe um espaço, e é nesse espaço que se localizam a nossa liberdade e o poder de escolher a resposta. Na resposta, está o nosso crescimento e a nossa felicidade. Álex Rovira também explica isso muito bem. Diante da adversidade, do contratempo, da dor, da contrariedade, da injustiça, do desespero ou da perda, temos o bálsamo da alegria, da paciência, da gratidão, da generosidade, do otimismo, da coragem e de tantas outras atitudes que podemos escolher deliberadamente ao nos responsabilizarmos pelos nossos pensamentos para continuar a vida com entusiasmo. Não controlamos as circunstâncias, mas, sim, como reagimos a elas. Esta é a grande liberdade do ser humano; aí está a nossa grandeza. A qualidade das nossas respostas diante das circunstâncias que vivenciamos.

Você é a soma total das suas decisões e ações passadas, de tudo o que você decidiu e fez até este momento; você pode decidir continuar com as mesmas decisões e ações ou mudá-las, mas essa decisão é sua. As pessoas fantásticas têm hábitos de decisão e de comportamento fantásticos; o contrário também é possível.

Muitas vezes, dei o seguinte exemplo para convencer as pessoas que as circunstâncias não determinam a nossa atitude. Você tem medo de andar de avião? E quando tem turbulências? Quando tem *muitas* turbulências? E quando tudo estala e caem as máscaras na sua frente? Imagine que você esteja em um avião. De repente, começam as turbulências. No entanto, isso não é o problema; o problema é que a nossa cuca começa a funcionar, começa a interpretar a situação: "Opa! Eu viajo muito, e essa turbulência não parece muito normal. Além disso, escuto um barulho metálico "tec, tec,

tec, tec". Que barulho é esse? Você se aproxima da janela e percebe que está próximo do motor, e, claro, esse barulho... de onde vem esse barulho, senão for do motor? Tudo se encaixa. O que as pessoas fazem quando um avião passa por uma turbulência? Falam baixo. Falam baixo e levantam a cabeça! Estão olhando para onde? Para a comissária de bordo, claro, para ver qual é a expressão dela. "Está com a cara feia, mas obviamente ela já deve saber que temos um problema no motor; se eu sei, com certeza ela sabe, já que é uma profissional! O que não entendo é por que ela não aprendeu a disfarçar. Que tipo de formação lhe dão?". Que azar, exatamente quando você está olhando para a comissária de bordo percebe que no fundo do avião tem uma luz vermelha piscando. "Luz vermelha piscando. O que pode ser? O que seria? Vermelha e piscando... claro! O alarme, burro, o alarme! Claro, luz vermelha e que pisca só pode ser o alarme".

Como você está neste momento? Angustiado? Tenso? Com pânico? Trata-se de comportamentos lógicos e coerentes com o que você está pensando. No final das contas, o avião está a ponto de se chocar. Impossível não ficar assustado! Os seus pensamentos alimentam os seus sentimentos e, por isso, você sofre, e fingir não diminuirá o seu sofrimento. No assento ao lado, há uma pessoa que dorme tranquilamente; ela abriu os olhos por um momento, quando começaram as turbulências, e depois relaxou novamente. Continua roncando. Que inveja! O que fazemos? Bom, o que vamos fazer? Sacudi-la para que acorde! "O que está acontecendo? O que foi? Por que me acordou?" Você explica todas as suas convicções, todas as provas de que todos vão bater as botas em breve. A pessoa, no entanto, pensa diferente; a turbulência não é nada grave, "solavancos no ar", o som metálico é muito agudo e, sem dúvida, vem do interior da aeronave, não do exterior, a comissária está com a cara fechada porque dormiu pouco — "Como todos! Olhe para você mesmo" —, a luz vermelha é o cafezinho, "que já vem tarde". As explicações lógicas que terminam com "Me deixe em paz e me deixe dormir tranquilo!". Como pode ser que, diante da mesma circunstância, existam duas pessoas, separadas por um centímetro, com atitudes tão diferentes? Por que uma está morta de medo e a outra está tão tranquila que é capaz de dormir? De onde vem a atitude de ambos? A situação é a mesma: as turbulências, o som metálico, a cara da comissária de bordo, a luz vermelha etc. A atitude de cada uma delas não foi provocada pelas circunstâncias; a atitude delas tem origem no que pensam. Toda atitude positiva que a primeira pessoa tenta desenvolver não serviria muito se ela estiver pensando que o avião vai cair. A atitude é o efeito, e o pensamento é a causa. Se essa pessoa não parar de pensar dessa maneira, continuará sofrendo. Os pensamentos e os sentimentos, em um círculo difícil de romper, determinam a nossa atitude. Por isso, dizem, se temos tempo para pensar, fazemos uma montanha de grãos de areia, e o menos importante é saber se se trata de uma montanha ou de um grão de areia. O verdadeiramente importante é que, se você está convencido de que se trata de um grão de areia, você agirá de acordo com esse pensamento, do mesmo modo que você se comportará de uma maneira determinada se considerar que se trata de uma montanha. A atitude é o efeito, e o pensamento é a causa.

Do mesmo modo que controlamos o que pensamos, assim controlamos também a nossa atitude e a nossa maneira de ser. Controlamos os nossos pensamentos e podemos decidir em que pensamos em cada momento — esta é a capacidade que define as pessoas grandes e as diferencia das pessoas medíocres. Não podemos evitar que os pensamentos surjam, mas podemos gerenciá-los quando surgirem.

Os pensamentos são parecidos com as ervas daninhas. Não podemos evitar que apareçam. As circunstâncias que nos rodeiam, as situações que vivemos provocam o surgimento de determinados pensamentos. É inevitável. Recebemos uma multa, reprovamos em uma prova, nosso time ganha, recebemos uma boa notícia, ou má — tudo isso faz surgir novos pensamentos. Entretanto, uma vez que apareçam, o que é inevitável, uma vez que estão aí na cabeça, é o momento de gerenciá-los; momento no qual podemos decidir conscientemente continuar pensando nisso ou não, alimentá-lo ou eliminá-lo, deixar que deem voltas na cabeça ou substituí-los por outros; a decisão é nossa, é a nossa liberdade definitiva como pessoas. É difícil, mas podemos conseguir. Com a prática, é cada vez mais fácil controlar o que pensamos. E isso nos interessa, porque, mais uma vez, o que é difícil é o que nos convém; o fácil é o que nos prejudica — como quase tudo na vida :-).

Se conversarmos com uma nutricionista, ela diria que somos livres para escolher o que comemos. Podemos decidir comer fruta, legumes e verduras ou comer *bacon*, tomar sorvete de *bacon* e iogurte de *bacon*. Vamos imaginar que alguém decidisse comer *bacon* todos os dias no café da manhã, almoçar *bacon*, comer *bacon* no lanche da tarde e jantar *bacon*. Imaginemos que uma pessoa se empenha muito e decide fazer essa dieta todos os dias, sete dias por semana, durante os próximos sete anos. Não é preciso ser especialista em nutrição para adivinhar que essa pessoa, sem dúvida, terminará como uma porca. Além disso, a culpa será da própria pessoa. Ela é responsável pelo que come. É tão importante ter uma alimentação saudável quanto aprender a pensar saudável, porque estamos lelé da cuca. Porque a maioria dos nossos problemas tem origem no nosso modo de pensar. Precisamos pensar melhor para viver melhor.

Não podemos evitar que os pensamentos nos ataquem, mas somos responsáveis por saber quais pensamentos devemos alimentar e quais não devemos. A isso se chama inteligência emocional; a administração inteligente de pensamentos e emoções. Temos dois tipos de pensamento: os mais positivos e os mais negativos; todos os pensamentos tendem para algum desses extremos. Devemos tentar limitar e reduzir ao máximo os pensamentos negativos e fomentar e potencializar os positivos. Simples e complicado ao mesmo tempo. Isso é o que fazem as pessoas espertas e inteligentes.

Há alguns anos, existe uma corrente nova na psicologia — a psicologia positiva — que trata de centralizar os esforços em fomentar as emoções positivas e não tentar trabalhar com as negativas. No final, e sendo práticos, somente podemos experimentar uma emoção por vez e, se esta é positiva, já não existe espaço para a negativa. Para isso, devemos estar muito atentos, ficar vigilantes e ser conscientes dos tipos de pensamentos que temos; a partir daí, decidir se esse pensamento é interessante e se você deve fomentá-lo ou, caso contrário, freá-lo e deixar de quebrar a cabeça. Não é fácil, mas, quando tivermos o hábito de agir assim, será cada vez mais descomplicado.

Vamos imaginar que uma pessoa chega de manhã ao trabalho, e o chefe lhe dá uma bronca. É lógico que de imediato nos venha um pensamento do tipo "Esse chefe é um idiota". "Esse chefe é um idiota." A pessoa pode arrastar esse pensamento pelo tempo que quiser. Se for até a mesa pensando "Esse chefe é um idiota", liga o computador e pensa

"Esse chefe é um idiota"; no café da manhã, junto com um colega, somente sabe dizer que "o chefe é um idiota". Naquele mesmo dia, vai comer na casa dos pais, e eles talvez perguntem como vai tudo no trabalho. A única coisa que essa pessoa saberá dizer é que "o chefe é um idiota" e passará todo o almoço explicando por que "o chefe é um idiota". Quando sair do trabalho, talvez pegue os filhos na escola e lhes pergunte se gostam da escola: "Aproveitem, filhos, porque um dia vocês vão ser adultos e terão que trabalhar. Então terão um chefe, talvez como o meu, que é um idiota". Quando chegar em casa e o marido, ou a mulher, perguntar como foi o dia, a única coisa que essa pessoa vai poder explicar é que "o chefe é um idiota". "Bom, amor, vamos desconectar um pouco; melhor assistirmos a um filme." No meio do filme, essa pessoa dirá: "Nossa, esse ator parece o meu chefe, que, se por acaso eu ainda não disse, é um idiota". Sem nenhuma dúvida, essa pessoa vai dormir pensando que "o chefe é um idiota" e dormirá mal por culpa do chefe, claro. Pode ser que essa pessoa tenha razão. O chefe dela pode ser realmente um idiota. Mas é necessário arrastar esse pensamento durante todo o dia? Quando a pessoa faz isso, ela também é uma idiota. Podemos pensar que o nosso chefe é um idiota ou, até mesmo, coisas piores; temos o direito de ficar chateados e de desabafar, mas por cinco minutos, no máximo dez. Depois disso, devemos deixar isso de lado e colocar na cabeça outros pensamentos, não porque seu chefe deixe de ser idiota, porque, de fato, ele é, mas por causa da sua própria saúde mental, do seu estado de ânimo; pelo seu estado de ânimo e o das pessoas que estão a seu redor. No entanto, conhecemos tantas pessoas que adoram a desgraça alheia e que ficam ruminando pensamentos negativos que não levam a lugar algum. Somos muito idiotas.

Temos que dar um basta ao fluxo de pensamentos negativos que aparece de vez em quando na nossa mente. Caso contrário, seremos uns babacas, porque, se não usarmos um filtro nos nossos pensamentos, terminaremos amargurados. A maioria das mensagens que recebemos do nosso convívio são negativas, porque vivemos em uma sociedade cheia de problemas e dificuldades. Se deixarmos que esses pensamentos invadam a nossa mente, será difícil ver as coisas fantásticas que a vida tem. Sim, elas existem, e muitas, e algumas são incríveis.

Existe uma máxima que explica isso muito bem: "Você não é o que pensa que é, mas é o que você pensa". A boa notícia é que você pode controlar o que pensa, pode decidir a começar ser uma pessoa melhor, começar a pensar de modo mais saudável, começar a pensar positivo a partir deste momento, agora mesmo. Em que as pessoas entusiastas pensam? Nas coisas que funcionam bem, no que desejam alcançar, no que entendem ser positivo, no que lhes dá alegria.

Quantas pessoas se levantam de manhã sem vontade? "Que droga! Preciso trabalhar, estou sem vontade. Espero um dia ganhar na loteria." E saem reclamando e se lamentando. Imagine se um dia você sai de casa e no corredor, esperando o elevador, você encontra uma vizinha, e ela diz: "Oi, vizinho, como você está?". O que responderíamos? "Como estou? Estou até aqui! Pega um caderninho aí para começar a anotar". Não diríamos isso, certo? Bom, é possível que algumas pessoas sejam desagradáveis e falem isso. A maioria de nós, porém, colocaria uma máscara e fingiria: "Como vai, vizinha? Fico muito feliz em ver você. E a sua filha? Como ela está grande e bonita! Bom, que tenha um ótimo dia, vou pela escada porque estou com pressa". Isso é verdade? Você está alegre em vê-la? Como vai se alegrar! Que tenha um ótimo dia? Ah tá, você não se importa nem um pouquinho como será o dia dela. E a menina? Você nem sequer olhou para ela, e o pouquinho que olhou, credo, que feia! Porque, às vezes, as crianças vão crescendo e vão ficando mais feinhas. Entretanto, quem vai dizer isso? Este é o problema; a vida parece uma festa fantasia na qual muitos andam com máscara.

Existem pessoas que saem de casa com uma máscara e são capazes de aguentar assim o dia todo até o momento em que voltam para casa, tiram a máscara e tornam a ser o autêntico "eu". Muitos vivem a vida desse jeito. Desanimados, angustiados, amargurados, desmotivados, frustrados. Precisam colocar a máscara, porque, claro, não podem sair por aí assim como assim. É preciso fingir. Então, são manés. Internamente, a situação é horrível, mas precisam fingir que está tudo fenomenal. Vão aguentando, aguentando, porque, no final, tudo se rompe; por isso, vivemos em uma sociedade em que são vendidos muitos remédios. Alprazolam, Valium, Diazepam, comprimidos para dormir. Poucas pessoas passariam por um controle *antidoping* hoje em dia; os psicólogos estão a ponto de explodir; há filas e mais filas para as aulas de yoga, de tai chi chuan, de chi kung ou de abraçar árvores. Contudo, não encontramos a solução.

Como já sabemos, as pessoas põem uma máscara porque, diante do mínimo inconveniente, explodem; diante da menor provocação, se alteram, e o mínimo começa ser muito mínimo. O mínimo é quando existem duas pessoas na fila para pagar o pão, e a primeira delas é uma idosa que se esforça para dar o valor correto. Perdemos a paciência: "Senhora, deixa que eu a ajudo a procurar as moedas!". Ou prestem atenção como chamamos o elevador. Como é que uma pessoa normal em um país normal chama o elevador? Aperta o botão, que fica vermelho, espera, o elevador chega, a porta se abre, e a pessoa entra. Isso aconteceria se fosse uma pessoa normal em um país normal. Como fazemos em um país de malucos? A pessoa aperta o botão, mesmo que o botão esteja vermelho, se, em dois segundos a porta do elevador não abre, a pessoa aperta de novo o botão com mais força. Depois de três segundos, a pessoa aperta repetidamente o botão com cara de desesperado, como se o elevador fosse chegar antes. Não somos capazes nem sequer de esperar uns segundos para que a porta do elevador se abra sem perder a paciência!

A prova definitiva é um experimento que faço há algum tempo e que proponho a você. Descobri que as pessoas tiram a máscara quando dirigem; com as mãos no volante, tiram de dentro o lado animal que está lá dentro. Em que consiste o experimento? É muito simples. Pegue o carro ou a moto e comece a sair por aí. Quando o semáforo ficar vermelho, é claro que é preciso parar. O interessante acontece quando ele fica verde; aí vamos ver se você tem coragem de não sair, de ficar parado por três segundos: um, dois, três. A quantidade de buzinas, insultos, ofensas e gritos que vai escutar é espetacular! "Imbecil!"; "O que foi que eu fiz?", você se pergunta. "Está verde, idiota!" Somos tão bobos que ainda pedimos desculpas. "Desculpe, eu estava distraído." "Mas eles acabam de te xingar! E você ainda pede desculpas?" Sim, porque enxergamos essa situação como se fosse normal. Quando as pessoas são manés, rodeadas de manés, não percebem que elas também são babacas, e achamos que tudo está normal. É normal que nos xinguem quando demoramos três segundos em acelerar. É incrível como estamos sendo muito babacas; faça o teste. Os meus filhos, que começaram a gostar do experimento, às vezes me dizem: "Pai, pai, vamos testar aqui". Eles nunca escolhem lugares tranquilos, pelo contrário. "Sim, sim, aqui que tem muitos carros, e com certeza vamos encontrar algum mané." "Queridos filhos, aqui parece meio perigoso, mas vamos lá." Então os dois observam meio escondidos a reação do motorista que está atrás do meu carro. "Aguenta firme, pai?" "Ok, ok. Vou esperar, mas abaixem o trinco das portas, vai que estamos brincando com a sorte." Então, o semáforo fica verde, e começo a contar: Um, dois... "Pai, pai, parece que ele falou 'filho da puta'!" Quando vemos o motorista do carro de trás, ele está com o rosto vermelho e com as veias do pescoço saltadas, gritando enfurecido. Se um extraterrestre chegasse aqui e nos visse, pensaria que estamos muito loucos.

Quando vivemos como malucos, é impossível transmitir 30 mil watts. Por mais que nos esforcemos para ficar com a máscara: é impossível. É impossível estar amargurado internamente e transmitir 30 mil watts. É possível fingir e talvez chegar a transmitir 5 mil watts, 10 mil, mas nunca 30 mil. Não podemos transmitir o que não temos dentro de nós. Não é possível transmitir emoção, se não se sentir emocionado não é possível transmitir esperança, se não se sentir esperançoso; não é possível transmitir alegria, se não se sentir alegre. Transmitimos o nosso estado de ânimo.

Do mesmo modo, não podemos dissimular. Menos ainda se nos conhecem. Alguém consegue enganar a própria mãe? Quando alguém nos conhece, percebem imediatamente. "O que está acontecendo? Percebo que você está deprimido, desanimado." Não podemos enganar as pessoas que nos conhecem. Talvez possamos enganar por algum tempo, por um período, mas os nossos relacionamentos importantes são passageiros? Não, os nossos relacionamentos importantes vêm de muito tempo, são de longo prazo.

Os relacionamentos com os pais, com o cônjuge ou companheiro, com os filhos, com os colegas de trabalho, com os clientes — todos esses relacionamentos não permitem que dissimulemos.

Além disso, ainda que finjamos, como nos sentimos internamente? Contentes? Até parece. Nos sentimentos horríveis. É isso que queremos? De jeito nenhum. Todos temos o mesmo objetivo na vida: ser felizes, apesar de parecer brega. Este é o objetivo que todos temos na vida, embora a definição de felicidade seja diferente para cada um de nós; no entanto, o nosso denominador comum como seres humanos é este: queremos ser felizes. Imagine que hoje à noite acordem você com gritos, às três da madrugada: "Vamos, acorda!". "Quem é você? Por que está me acordando?" "Sou Aladim e venho com a minha lâmpada mágica!" "Nossa, que susto! O que você quer?" "Vai logo, você tem três segundos, escolhe! O que você prefere: ser feliz ou ser triste, com uma máscara para que não percebam?"

O que você faria? Pensaria: "Nossa, que dilema"? "Ei, Aladim, por acaso, você não tem a opção de muito triste, mas com a possibilidade de usar uma máscara para que ninguém perceba?" Claro que não! Sem dúvida alguma, todos escolheríamos ser felizes, exceto se tivermos alguma patologia muito estranha.

Por isso, devemos prestar bastante atenção naquilo em que pensamos, verificar se são positivos ou negativos, fomentar os primeiros e reduzir os segundos, porque são eles que determinam a nossa felicidade; são eles os responsáveis pelas atitudes que temos, por nossa forma de enxergar o mundo e pelo que acontece conosco. Tenha em mente que a nossa felicidade está em jogo.

7 | SER GRANDE, UM MODO DE SER

A vida só tem um objetivo: lutar todos os dias para ser a melhor pessoa possível. Nem mais, nem menos. A diferença entre pessoas extraordinárias e as comuns está exatamente nesse "extra".

Decida quais valores você admira, quais valores e atitudes você gostaria que fossem parte do seu modo de ser; em seguida, trabalhe para alcançá-los. Simples. Se você se esforçar para alcançar uma atitude por mês, serão 12 novos hábitos por ano, 60 em cinco anos; você seria uma pessoa diferente, completamente nova em cinco anos. Talvez não seja necessário que adicione tantos novos hábitos ou atitudes. Melhor, muito melhor; assim, você será grande em menos tempo :–).

Decida quais valores você quer ter; este é o primeiro passo. Pegue um caderno e uma caneta e defina que tipo de pessoa você quer ser. Como você seria se fosse uma pessoa fantástica? Como gostaria que as pessoas o descrevessem? O dia em que você já não tiver mais neste planeta, como gostaria que os demais se lembrassem de você? Escreva. Não subestime o poder desse exercício; faça-o e depois julgue. Escreva uma lista desses valores, comportamentos e atitudes pelos quais você quer ser definido. A partir daí, todos os dias será uma luta contínua para melhorar, para chegar mais perto da pessoa que você deseja ser.

Disso se trata a vida, este é o grande desafio das nossas vidas: lutar todos os dias para ser uma pessoa melhor. Aí está a verdadeira alegria interior, a paz e a serenidade que nos levam a viver com satisfação. Precisamos pensar mais no que queremos ser e menos no que queremos ter. Uma pessoa com satisfação segue seu caminho internamente eufórica e entusiasmada, é feliz, transmite uma alegria verdadeira quando sabe que está lutando para ser a pessoa que deseja ser. A vida é simples. O que acontece é que gostamos de complicá-la. Os outros também a complicam para nós. A vida em si é simples. Não fácil, mas simples. Não a complique.

O desafio é simples: esforçar-nos todos os dias para sermos pessoas melhores nos diferentes papéis que tenhamos que desempenhar: melhores pais, melhores maridos, melhores esposas, melhores filhos, melhores amigos, melhores profissionais, melhores chefes, melhores colegas. Melhores pessoas.

8 FRANGOS SEM CABEÇA

Um dos principais problemas das pessoas que vivem como lâmpadas queimadas é que têm uma vida desequilibrada e desorganizada. As pessoas que vivem com satisfação têm como pilar principal o equilíbrio.

Quase todos temos duas facetas na vida, dois âmbitos: o âmbito profissional e o âmbito pessoal. A faceta profissional pode ser para alguns o estudo, para outros um trabalho e para outros procurar um trabalho. Ao mesmo tempo, temos uma faceta pessoal. O problema no ambiente atual é que, considerando o nosso panorama, considerando as demandas, as preocupações, a pressão e os problemas que enfrentamos na vida profissional, corremos o risco de acabar dedicando 90% do nosso tempo ao âmbito profissional. Quando dedicamos grande parte do tempo, físico ou mental, à área profissional, o âmbito pessoal é afetado. Já sei que ninguém trabalha 18 horas diárias em média, mas quantas pessoas trabalham 8, 9 ou 10 horas e, depois disso, continuam arrastando mentalmente problemas do trabalho? Quantas pessoas vão para o cinema com as crianças e com o cliente ao mesmo tempo? A verdade é que o cliente não lhes deixa em paz, e estão mais preocupadas com o problema que têm com o cliente do que em aproveitar o filme com os filhos. Quantas vezes vemos no cinema pessoas lendo ou escrevendo *e-mails* pelo telefone, a maioria delas, creio, profissionais, não para comentar o filme. Quantas pessoas saem para jantar com um amigo e com um fornecedor ao mesmo tempo? Ficam martelando na cabeça um assunto que precisa ser resolvido com o fornecedor em vez de aproveitar o jantar com os amigos. Ou quantas pessoas dormem com o cônjuge e com o chefe ao mesmo tempo? É que não param de pensar em um conflito que têm com o chefe.

Existem muitas pessoas que têm problemas de insônia, porque não conseguem desconectar da pressão que a faceta profissional lhes impõe; simplesmente não conseguem se desligar. São muitos os que às três da madrugada estão na cama com o cliente, com o fornecedor, com o chefe, todos ali, quebrando a cabeça a noite toda. Mal sintoma; sinal de que alguma coisa não está funcionando bem e precisamos agir com remédio e rápido. Porque, quando isso acontece, deixamos de prestar atenção na vida pessoal e nos projetos pessoais. Perdemos a energia e a vontade que deveríamos dedicar, o desiquilíbrio entra em jogo, e temos que utilizar a máscara. É possível pôr a máscara no exterior, mas a fera que temos dentro de nós percebe, e não podemos enganá-la, não podemos ignorar a sensação de amargura, desânimo, frustração quando fica "irritada".

Eu tinha, há alguns anos, um móvel com cupim bem na entrada da casa; era o típico móvel no qual colocávamos as chaves e sabíamos que tinha cupins, pois o inseto estava fazendo o trabalho direitinho. Às vezes, eu saía muito cedo de casa, às 6 ou 6h30. Pegava as chaves e podia ver o pozinho que o inseto deixava. O que você acha que eu fazia?

Acha que eu tirava a jaqueta, puxava as mangas da blusa, ia buscar o inseticida e o colocava pelos buraquinhos, fechava o móvel e colocava um aviso com os dizeres: "crianças, não tocar" e depois saía de casa? Claro que não. Fazia o que faria a maioria: soprava o pó, pegava as chaves e "bum!" — colocava o pote das chaves em cima dos buracos. "A minha mulher não vai falar nada sobre o móvel hoje." Sim, sim, mas o bichinho continuava lá, fazendo seu trabalho.

Todos temos um bichinho dentro. Quando está em silêncio, você escuta vozes lá dentro? Ou eu sou o único? Beleza, várias vozes não. Se alguém dissesse: "Sim, sim, escuto vozes, gritos e brigas", eu recomendaria que fosse a um hospício. Mas uma voz? Todos escutamos uma voz. Você pode chamar de pensamento ou consciência, mas todos temos essa voz interna, a voz que diz: "Isso não se faz, bobo", "Você está perdendo o seu tempo" etc. Outra coisa é querer escutá-la ou não. Algumas pessoas não a suportam e passam o dia todo com fones para não a escutar, mas ela está dentro de nós. É a voz da fera. Todos temos essa fera dentro de nós. E ela nunca mente; nunca. Transmitimos o estado de ânimo da nossa fera, não o que queremos. Por mais que coloquemos a máscara e sopremos o pó.

Existe uma história que eu adoro e sempre conto nos meus cursos e palestras, e que me ajuda muito a focar nesse assunto. As histórias têm a enorme virtude de tocar emocionalmente, de "tocar o coração" e de explicar muito melhor o que desejamos transmitir com uma conversa entediante, que muitas vezes não funciona. Trata-se de um conto magnífico de Tolstói:

"Convencem Pakhom, um camponês russo, de que ele será um homem de êxito quando for dono de muitas terras, como as terras que abrangem as imensas fazendas dos nobres russos. Nessas circunstâncias, oferecem-lhe, sem nenhum custo, toda a terra que ele conseguir percorrer, correndo o mais rápido possível, desde o amanhecer até o crepúsculo. Ele sacrifica tudo o que tem para viajar até o distante lugar onde lhe fizeram essa oferta generosa. Depois de muito esforço, ele chega até o lugar e prepara tudo para o dia seguinte. Determina o ponto de partida. Pakhom começa a correr como um cervo quando o sol desponta. Corre debaixo do sol da manhã, sem olhar para a direita nem para a esquerda; corre entusiasmado, cego pela luz e pelo calor escaldante. Sem parar para comer nem para descansar, continua traçando seu círculo e, quando o sol se põe, chega tropeçando à sua meta. A vitória! O sucesso! O sonho da sua vida tinha se realizado!

No entanto, com o último passo que dá, cai morto no chão. Tudo o que ele precisava agora era de um metro e oitenta centímetros de terra".

Correu tanto e terminou em um espaço de 1,80 metro de terra. Bom, um conto, chinês ou russo, como é o caso, mas, no final das contas, uma história. Contudo, se não paramos um segundo para pensar, quantos de nós vivemos correndo? "Para onde você vai?" "Não sei, mas não me encha o saco, estou acumulando terras." Correr, todos estamos corremos, é o que temos para hoje e não vamos mudar o ritmo do mundo; afinal, já quase não existem lugares onde as pessoas não estão correndo. Pouquíssimas. No entanto, quantas pessoas vivem correndo angustiadas e quantas pessoas vivem correndo também, embora serenas. A diferença é relevante, muito relevante.

Existem pessoas que vivem com um diagnóstico de expectativa de vida de meses. Dois, três, seis meses. O que passa pela cabeça dessas pessoas? Existem pessoas que morrem alegres, mas são a minoria. A maioria das pessoas que sabem que vão morrer logo tem duas atitudes: existem as que morrem angustiadas e as que morrem serenas, diferença muito relevante. As que morrem angustiadas são as que pensam: "Que horror! Acabo de perceber que estava errada em relação a todas as coisas, que vivi confusa, que, se eu começasse tudo de novo, mudaria muitas coisas, não foquei no que era mais importante". A angústia vem do saber que já não existe tempo para voltar atrás, fim da linha. Fim-da-linha. As pessoas que morrem com serenidade são aquelas que pensam: "Eu errei em muitas coisas, muitas, mas, se eu começasse tudo outra vez, sei que era o caminho certo, fiz as coisas da melhor maneira que pude e nunca me esqueci do que era importante de verdade". Saber isso traz serenidade. Às vezes, vivemos como se tivéssemos uma segunda vida guardada em um banco, à nossa espera para quando a primeira acabe. A vida, porém, nos força a compreender que as coisas não são assim. Só existe uma vida, e ela termina. Jordi Nadal explica que nas escolas deveriam ensinar a morrer ou, pelo menos, explicar que as pessoas morrem. Eu penso do mesmo jeito.

Você não sabe quando a sua vida vai acabar; esperamos que você tenha muitos anos pela frente. Enquanto isso, você viverá muito rápido, porque neste mundo tudo passa muito rápido. É praticamente inevitável não viver correndo como todo mundo. No entanto, existem pessoas que correm com angústia e existem pessoas que correm com serenidade. De novo, a diferença é muito relevante. Como você corre? A única maneira de viver com serenidade é saber que a sua vida tem sentido, que você vive como gostaria de viver, que está sendo a pessoa que deseja ser, que investe tempo nas coisas que sabe que são importantes.

Existe uma regra que sempre se realiza: "Planta que não é regada é planta que morre". Algo de senso comum, como quase tudo na vida, mas quantas vezes já sabemos de algo e mesmo assim vivemos como se não soubéssemos? Copiei a ideia de um canal de televisão que fazia o que chamavam de "12 meses, 12 causas". Adaptei a ideia para a matéria que dou na universidade e o chamei de programa "9 meses, 9 causas", porque a matéria durava 9 meses. Todos os meses, os meus alunos têm que fazer um ensaio. Como são mais de 100, as amostras geralmente eram representativas. O primeiro ensaio do ano era o da planta. Meus alunos tinham que comprar uma planta, que nunca deveria ser regada, mas deveria ser fotografada a cada três dias. Compre uma planta e faça o experimento; vamos ver se você tem coragem. Há coisas que precisamos vivenciar, não somente ler ou ter conhecimento a respeito. No final do mês, tinham que copiar todas as fotos em um único documento para ver a sequência e a evolução da planta. Visualmente era espetacular! Uma planta que, no começo era lindíssima, com folhas verdes e flores vermelhas ou amarelas, no final se transformava em uma coisa inútil dentro de um vaso. Impactante. Então, era possível perguntar: como chegamos a esse ponto? Muito fácil, não regar e deixar passar o tempo. Eu estava tentando explicar aos meus alunos: "Planta que não é regada é planta que morre". A vida segue essa mesma regra. Quantas pessoas pensam que seu relacionamento amoroso está se transformando em "uma coisa estranha" dentro de um vaso? "Tínhamos tantos sonhos no começo!" Como chegamos a esse ponto? Muito fácil: não cuidando do relacionamento e deixando o tempo passar. Quantas amizades começam a parecer "uma coisa estranha" dentro de um vaso? Quantas relacionamentos pai-filho parecem mais "uma coisa estranha" do que um relacionamento saudável? Alguns podem pensar: "Ah, Victor, não exagera". Pense; quase todos nós passamos pelas mesmas etapas.

Ao terminar os estudos ou depois da faculdade, em geral é estabelecido um jantar mensal obrigatório. Toda primeira quinta-feira do mês, sem desculpas, somente para o mesmo grupinho, sem agregados; desse modo, a amizade cultivada durante os difíceis anos de estudo poderia ser perpetuada. Com o passar do tempo, sempre tem um estraga-prazeres que, em um ataque de irresponsabilidade, dizia: "Colegas, muito legal tudo isso, mas eu tenho muito trabalho e responsabilidades, para mim tanta farra já é um exagero, por isso proponho que os nossos jantares sejam feitos de três em três meses". Depois, passou a ser uma vez por semestre; em seguida, uma vez por ano; mais tarde, no Natal; posteriormente, nos encontrávamos apenas em casamentos, batizados ou primeira comunhão e, na minha idade, nos divórcios ou pelas ruas. Quantas vezes topamos com alguém na rua e dizemos: "Vamos manter o contato, por favor"? Já sabemos, os dois, que não ligaremos um para o outro, pois estamos muito atarefados com coisas importantes. Quantas vezes, antes do Natal ou das férias, falamos a alguém: "Depois das festas, eu te ligo para a gente pôr a conversa em dia"? O período de festa passa; aliás, de várias festas. "Estou superenrolado, deixa eu me organizar e te ligo." Mas, afinal, quanto tempo você demora para se organizar? Não percebemos que, pouco a pouco, a amizade vai se esfriando, as pessoas se distanciam dos amigos. Beleza, mas isso não acontece nos relacionamentos amorosos, temos papéis assinados diante do padre ou do escrivão. Contratos! Bem, também acontece nesses relacionamentos. Quantos casais possuem relacionamentos fantásticos e quantos casais possuem relacionamentos desastrosos? Não é uma questão de estar tudo no papel ou não; é uma questão de tempo, de vontade, de esforço dedicado. Ah! Mas com os filhos isso não acontece, né? Nesse caso, existem fatores biológicos, a lei natural, eles têm que gostar de mim. Ou não. Quantos pais e mães, biológicos ou não (isso é o de menos) têm relacionamentos maravilhosos e quantos existem cujos relacionamentos não funcionam? Porque não se trata de biologia, é novamente uma questão de tempo, de vontade, de esforço dedicado. No entanto, a pressão do ambiente de trabalho e profissional é, às vezes, tão forte que perdemos a vontade ou simplesmente não percebemos que os relacionamentos vão esfriando, que as pessoas vão se afastando. Porque, se você não regar a planta, ela morrerá. Vamos com tanta rapidez, sempre estamos com tanta pressa, tão babacas, o mundo nos empurra tanto a ir correndo que, sem perceber, deixamos de regar as plantas.

Você já viu alguma vez um frango quando lhe cortam a cabeça? É espetacular; a cabeça cai, e o frango continua correndo. Impressionante. Entretanto, não corre um metro ou dois, não, não. Corre alguns metros. De fato, é muito chocante ver isso. Quantas pessoas vivem como frangos sem cabeça? Quantas pessoas vão correndo a toda velocidade sem perceber que a vida está passando?

O ser humano, por sua própria natureza, age de maneira inconsciente a maior parte do tempo (segundo os especialistas, cerca de 95% do tempo). Inconsciente não quer dizer desorientado; quer dizer que não estamos com atenção plena no "agora". Somos pessoas acostumadas com rotinas e hábitos e agimos, muitas vezes, como se estivéssemos no modo piloto automático. Se você pensa que isso não vai acontecer com você, proponho a seguinte reflexão. Imagine que eu chego à sua casa na próxima segunda-feira, às 7 da manhã, com uma câmera e o gravo desde o momento em que o despertador toca até o momento em que você sai de casa. Gravo segunda, terça, quarta, quinta e sexta. Cinco dias, cinco filmes. Se eu sobrepuser os cinco filmes, muito provavelmente não haverá diferença entre eles. Pense bem; serão iguais, porque todos os dias fazemos a mesma coisa, ou seja, a rotina matinal é idêntica todos os dias. Ao levantar-se, conectamos o piloto automático e nos transformamos em seres completamente rotineiros. Fazemos tudo na mesma ordem, nos mesmos horários: o despertador toca, pego o despertador do chão, esbarro na pessoa (vulto) que tenho ao meu lado, escovo os dentes, tomo banho, me visto, beijinho no vulto, tomo café, beijinho nos filhos e tchau, nos vemos à noite! Sempre na mesma ordem. Sempre nos mesmos horários. Quando escovamos os dentes, sempre começamos pelo mesmo lado. Os que fazem a barba (ou as mulheres que se depilam, para não discriminar :-)) todos os dias fazem o mesmo caminho pelo rosto: o bigode é o último, sempre fica para o final. Isso é ruim? Não, de nenhuma maneira: é fácil e humano. Deixa a nossa vida mais fácil. Como seres humanos, estamos sujeitos aos hábitos; passamos 14 mil dias no planeta fazendo a mesma coisa e, é lógico, pegamos hábitos e repetimos a mesma rotina sem pensar. O problema aparece quando prolongamos essa rotina durante toda a manhã, o resto do dia, o resto da semana, o resto do mês. Quantas pessoas vivem indefinitivamente com o piloto automático ligado, sem ser conscientes, sem perceber. Passam os dias. Algumas pessoas são *biológicas*: nascem, crescem, se reproduzem, discutem e morrem, vivem como frangos sem cabeça; também há pessoas que são *biográficas*, ou seja, que têm o controle da própria vida.

A vida tem momentos fantásticos, momentos magníficos de felicidade quase absoluta. No entanto, também existem decepções. Conforme vamos envelhecendo, percebemos que a vida nos traz muitas decepções e situações muito difíceis: as pessoas morrem, outras ficam doentes, têm acidentes ou perdem o emprego. Quase sempre sem avisar. Quando a vida nos apresenta essas decepções, é como se de repente batêssemos de cara com a parede e, então, encaixamos a cabeça novamente, a cabeça que tínhamos deixado lá atrás, e começamos a pensar. Todos conhecemos pessoas — ou já vivenciamos em primeira pessoa —, que, quando a vida lhes dá uma grande rasteira, é quando começam a fazer perguntas, quando começam a perguntar quais são as coisas importantes da vida. Até esse momento, podiam viver correndo como frangos sem cabeça.

É preciso que a vida nos dê um golpe para nos darmos conta do que é importante ou não? O mais importante na vida é que o mais importante seja, de fato, o mais importante. Não se trata apenas de um jogo de palavras ou de uma frase de efeito. Tem um propósito. Se parar para pensar uns segundos, você perceberá que tem muito propósito. Não é minha, mas de Stephen Covey: "O mais importante na vida é que o mais importante seja mais importante". Quando aplicamos essa receita, nos equilibramos e a fera que temos dentro de nós fica alegre, porque sabe que a vida tem sentido. É muito fácil saber se estamos equilibrados. Bastam duas perguntas: Primeira: Qual é a coisa mais importante nesta vida para você? Segunda pergunta: Quanto tempo você dedica a isso? Quando somos coerentes com ambas as respostas, vivemos com equilíbrio, com serenidade, com paz interior, porque sabemos que a vida tem sentido. O contrário também acontece quando percebemos que a nossa vida caminha para um lado e as coisas importantes vão para outro. Quando percebemos que vamos em uma direção, mas gostaríamos de ir por outra, consequentemente não encontraremos sentido na vida, começam o desequilíbrio, a amargura, o descontentamento e a frustração. Porque a única vida que tem sentido é exatamente uma vida com sentido.

O senso comum diz que o primeiro é o primeiro, o segundo é o segundo, o terceiro é o terceiro, e o quarto é o quarto. No entanto, vivemos em uma sociedade na qual começamos a perder o senso comum, e o primeiro começou a ser o quarto, o quarto o primeiro, o terceiro o segundo e para o segundo já não sobra mais tempo. E assim vamos vivendo. É inevitável terminarmos desequilibrados.

Às vezes, alguns dos meus alunos me dizem, orgulhosos de si mesmos, que foram selecionados para trabalhar em uma dessas empresas multinacionais enormes e agressivas. Eu sempre digo a mesma coisa: "Eu não me alegria tanto, porque é a maneira moderna da escravidão; cuidado, eles podem roubar a sua vida se você não estiver atento". Quando alguém entra em uma dessas grandes empresas, nesse ou naquele setor, no primeiro dia eles reúnem todos os novos funcionários em uma sala enorme, colocam um vídeo corporativo que explica quão privilegiados são por fazer parte de uma companhia tão grande e maravilhosa, explicam que cada uma das pessoas ali competiu com 187 pessoas que não passaram no processo seletivo; por isso, deveriam estar orgulhosos e dispostos a se esforçar ao máximo pela empresa. Agora são chamados de *júnior*, mas os que são muito bons, apenas os melhores, os eleitos, receberão uma promoção no ano seguinte para o cargo de *júnior 2*. Os outros terão que deixar a empresa por não estarem à altura. As pessoas saem dessa primeira reunião muito motivadas, com uma espécie de lavagem cerebral, dispostas a dar o sangue com o intuito de receber a promoção. De fato, fazem isso; dão o sangue e, como consequência óbvia, também os amigos, porque já não têm tempo para ir aos jantares às quintas-feiras e agora se dedicam a coisas sérias. Quando conseguem chegar ao cargo de *júnior 2*, descobrem que existe um cargo superior a esse, o de *sênior*. Somente para os eleitos. Obviamente, vale a pena dar o sangue novamente para receber a promoção. Quando finalmente chegam ao cargo *sênior*, descobrem que existe o cargo de *gerente*, que também é para poucos. Nesse caso, será possível ter um escritório exclusivo, além de ter uma secretária que atende a equipe. Vale a pena dar o sangue pela empresa mais um ano. Bom, dar o sangue e deixar a família, porque já não há tempo para comemorações ou refeições de domingo; é preciso dedicar tempo para as coisas que realmente importam. Quando, por fim, chegam a *gerente*, logicamente vão se casar com outra *gerente*, porque somente fazem parte desse círculo de amizades. De *gerente*, é preciso passar para *gerente territorial*, cargo para os eleitos, claro! Quando chegam ao cargo de *gerente territorial*, é preciso dar o sangue para ser *gerente nacional*. Quando conseguem chegar ao prestigioso cargo de *gerente nacional*, descobrem, com estupefação, que existe o cargo de *gerente continental*. Quando alguém chega a esse cargo, já está divorciado; não podia ser diferente, porque não há tempo para cinemas, jantarzinhos muito menos outros passatempos. Ao chegarem ao cargo de *gerente continental*, o novo desafio se chama *gerente mundial*. É preciso, mais uma vez, dar o sangue o ano todo para conseguir esse cargo, que, obviamente, é para poucos. Depois do cargo de *gerente mundial*, descobrem que existe a personalidade chamada *gerente da galáxia*; este, sim, é para o melhor de todos. Um ano mais, pelo menos, dando o sangue; afinal, é o mínimo que se pode fazer já que chegou até aqui... Quando, por fim, consegue o cargo de *gerente da galáxia*, tem 94 anos, se aposenta e, então, percebe que perdeu todos esses anos, durante os quais jogou a vida toda fora, deixando pelo caminho todas as coisas que realmente valem a pena.

Existem muitas empresas multinacionais que prezam pelos funcionários, claro. Ao mesmo tempo em que existem pequenas empresas muito agressivas com suas equipes, mas caricaturar o que fazem algumas delas pode ajudar a refletir.

Eu sempre gosto de lembrar de uma resposta que deu Valetí Fuster, um dos cardiologistas mais renomados do mundo, em uma entrevista que lhe perguntavam se ele poderia dar um conselho às pessoas que estavam preocupadas pela saúde. Esta foi a resposta: "Para as pessoas que estão preocupadas com a própria saúde, eu aconselharia que reservem um tempo do dia para elas mesmas, para poder pensar, simplesmente pensar. Estamos em um mundo extremamente acelerado, no qual não existe tempo para saber onde você está nem para onde vai; precisamos estar decididos sobre quais são os objetivos da nossa vida e como alcançá-los". Simples. Claro. Direto ao ponto. O que você esperava que ele dissesse? Teria sido mais lógico que ele falasse dos benefícios da dieta mediterrânea, para que fizéssemos *footing*, parássemos de fumar, reduzíssemos o álcool e eliminássemos o sal. No entanto, não foi isso que ele disse. Ele recomenda que as pessoas parem para pensar. Por quê? Porque vivemos em um mundo de babacas. Ele não diz "atordoado", mas "extremamente acelerado", o que é a mesma coisa. Pensar em quê? Pensar no que é importante para nós nesta vida e como faremos que a nossa vida seja construída ao redor desse algo que é importante. Simples assim, difícil assim, mas a vida consiste em lutar.

Infelizmente, por mais que tenhamos a intuição do que é importante na vida, muitas vezes apenas nos damos conta disso quando já é tarde. Quando já é tarde. Infelizmente. Por isso, é tão importante parar para pensar de vez em quando. Pensar ajuda a esclarecer, perceber, priorizar, organizar, repor forças, retomar e retificar. Precisamos buscar esses momentos para pensar, para ser coerente e viver focado e centrado no que importa de verdade. Ou nas pessoas importantes, porque não temos coisas importantes nessa vida, mas temos pessoas importantes, relacionamentos que importam.

Cuide do seu relacionamento amoroso. Compartilhar o seu projeto de vida com a pessoa que você ama é fabuloso, mas também é necessário mimar esse relacionamento. Goste dessa pessoa, surpreenda-a frequentemente, sempre diga coisas positivas, dê-lhe parabéns, ria com ela, tenha interesse por ela e pelas coisas que lhe dizem respeito, ajude-a, pratique algum esporte/*hobby* com ela, não aperte os "botões" que você sabe que a farão perder o controle.

Cuide também do relacionamento com os seus filhos, sempre seja positivo e nunca grite com eles; em vez disso, pergunte o que eles fizeram e por quê, faça a lição de casa com eles, cuide da autoestima deles, leia mais e assista menos televisão, faça algum esporte com eles, converse com eles, leia contos para eles, jantem juntos (com a televisão desligada), seja muito carinhoso.

Aproveite a companhia dos seus filhos, escute-os, todos os dias, muitas vezes. É fácil prometer que vai passar mais tempo com os filhos "quando as coisas ficarem mais tranquilas no trabalho", "quando esse projeto acabar" ou "no ano que vem, quando eu tiver com mais tempo livre". Os dias se transformam em semanas, as semanas em meses e, antes que percebamos, já não estarão disponíveis. O melhor presente que você pode dar aos seus filhos é o seu tempo. Um dos melhores presentes que você pode fazer a você mesmo é aproveitar a companhia deles, dividir a carga dos problemas que têm e intrometer-se nas conversas deles.

Aproveite a companhia dos seus pais, dos familiares, dos amigos e das pessoas mais queridas. Cuide das suas amizades; é verdade que quem tem um amigo tem um tesouro. Os estudos de Seligman demonstram, sem sombra de dúvidas, que as pessoas mais felizes têm melhores relacionamentos (conjugal, familiar, com amigos, com colegas de trabalho...)

Um desses exercícios e ensaios que os meus alunos tinham que fazer na atividade de "9 meses, 9 causas" era fazer entrevistas nas ruas. A entrevista consistia em fazer duas perguntas muito simples. Primeira pergunta: "A mãe é muito importante para você?". Pergunta típica que nos fazem aí pelas ruas. Sim, disseram 97% dos entrevistados; os 3% restantes não sei se não entenderam a pergunta ou se, nesse dia, tinham brigado com a mãe. Segunda pergunta lógica: "Na semana passada, disse, pelo menos uma vez, que gosta muito dela?" 3%. Nossa! Só 3%? Onde foram parar os 97% que responderam que a mãe era muito importante e que não tinha verbalizado isso durante a semana? Ao procurar as entrevistas e ler as respostas, era de dar risada: "Olhe, não tenho tempo para bobeiras, tenho muito trabalho, é que sou *sênior 2*" ou "Ela já sabe disso; vou comer na casa dela todos os domingos". Com certeza, ela gosta que verbalizemos, certo? Por isso, estamos sendo muito babacas.

Faça o seguinte experimento agora mesmo. Pare de ler; pode continuar lendo mais tarde. Pegue o telefone e ligue para a sua mãe. Vamos ver se você tem coragem de falar: "Mãe, só estou ligando para dizer que eu amo muito você". Se fizer isso, tenho certeza de que ela ficará transtornada! "Filho, onde você está? Aconteceu alguma coisa? Está tudo bem? Mandaram você embora?" Este é o mundo no qual vivemos, o mundo em que dizer que amamos a nossa mãe causa transtorno, no qual é melhor não dizer, para o seu próprio bem. Isso é algo que todos deveríamos fazer — e frequentemente. Dizer às pessoas que as amamos. "Papai, te amo muito, te amo por isso, por isso e por aquilo", "Filha, amo muito você porque você é fantástica, por isso, por aquilo e por aquilo outro", "Meu amor, você é a mulher mais fantástica do mundo e te amo por isso e por aquilo". Abra-se com generosidade. Faça o teste, e veja o que acontece quando fizer; é impressionante. Temos que fazer por justiça, porque essas pessoas merecem e porque, além disso, tudo o que sentimos é verdadeiro. Se fizer o teste, você verá que, no final das contas, você e o seu pai vão chorar. Para todos nós chegará o momento, ou já chegou, quando teremos que nos despedir dos nossos pais; será um momento muito triste, mas será o momento de enfrentar com angústia ou com serenidade, com remorsos ou com tranquilidade, dependendo do que fizemos e do que dissemos, de como cuidamos do relacionamento e de como o amortizamos. Entretanto, com a desculpa do "eles já sabem", perdemos as oportunidades de demonstrar carinho e afeto. E todos os humanos, todos, nascemos, vivemos e morremos por amor; isso é o que nos move, o mais importante. É o que mais precisamos: amar e sentir-nos amados.

Para viver desse modo, é preciso parar de vez em quando para pensar, procurar ter momentos de reflexão, pois, como dizíamos, a vida, sem dúvidas, é tão rápida que nos faz perder de vista as nossas prioridades. O projeto mais importante que temos na vida, sem dúvida alguma, é a nossa família; este é o nosso grande projeto, com maiúsculas;

a família. Entretanto, os problemas, as preocupações e o dia a dia nos fazem não dar a ela a atenção que merece.

A vida é como montar um quebra-cabeças. Você gosta de quebra-cabeças? Acha que conseguiria montar um quebra-cabeças de 10 mil peças sem olhar a foto? Creio que é impossível. Como se monta um quebra-cabeça? Pegamos as peças e vamos juntando, sempre olhando a foto como referência. Olhamos a peça e vemos a foto para saber onde encaixamos determinada peça. Sem ver a foto, seria impossível, porque a foto nos serve de orientação. Quando paramos para pensar e refletir sobre a vida, sobre os relacionamentos importantes, sobre o tipo de pessoas que queremos ser, estamos desenhando a foto da nossa vida, daquilo que queremos alcançar. As peças são as decisões que tomamos todos os dias, cada minuto. Quando você tem uma foto clara em mente, essa referência o ajuda a juntar as peças, a tomar as decisões de maneira coerente de modo que a vida se pareça com a foto. Quando não paramos para pensar e não temos uma foto de referência, então encaixamos as peças da melhor maneira possível, tomamos as decisões com a melhor das intenções, mas isso jamais vai se parecer com a foto desejada; de jeito nenhum.

Entretanto, não estamos acostumados a pensar. Não temos essa cultura. Imaginemos que, um dia, estamos caminhando pela rua e encontramos o diretor-geral mundial *worldwide* da Coca-Cola Company e perguntamos a ele: "Desculpe, senhor diretor-geral mundial *worldwide*, o que o senhor faz aqui?". Imagine que ele responda: "Eu vim preparar a *International Strategic Marketing Meeting 2015 Forecast Budget*". Com certeza, pensaríamos: "Beleza, isso é o que um diretor geral mundial *worlwide faz*, reuniões de *high copet*". Entraria dentro do razoável e esperado. Agora, imagine que ele respondesse: "Na verdade, eu vim refletir, pensar na minha vida e me organizar um pouco". Pensaríamos: "Nossa", o cara deve estar mal", e, com certeza, ligaríamos para alguém e diríamos: "Acabo de encontrar o diretor-geral mundial *worldwide* da Coca-Cola Company, o cara tá mal, me disse que estava pensando na vida. Está péssimo!".

Percebam como estamos malucos quando enxergamos o normal como anormal e o anormal como normal. Que uma pessoa dê o próprio sangue pelos objetivos da empresa, da área ou do departamento é normal. Que uma pessoa pare para pensar, de vez em quando, sobre o mais importante que temos, a vida pessoal, isso é coisa de gente estranha. Não seria o contrário? É o que está faltando para nós: parar, pensar e dar sentido à nossa vida.

Fazer a análise FOFA. Os que somos da área comercial temos um instrumento fantástico, a análise FOFA. Forças, Oportunidades, Fraquezas e Ameaças. Os que além de sermos da área comercial somos mais básicos, simplificamos ainda mais: forças e fraquezas, ou pontos fortes e pontos fracos, para não nos perdermos com as ameaças e com as oportunidades. Isso é o que deveríamos fazer de vez em quando. Um livrinho, uma caneta e implementar a FOFA. A análise FOFA do tipo de pessoa que sou, do que funciona, do que não funciona e o que eu vou fazer para melhorar; a análise da minha vida amorosa, da minha vida como pai ou mãe, da minha vida como amigo ou como profissional. Isso nos ajudaria muito a focar e viver a vida com satisfação. Sócrates dizia que uma vida não avaliada não vale a pena ser vivida.

Você já teve um projeto profissional muito motivador? Imagina o que poderia ser ter um projeto profissional muito motivador? Chega antes no trabalho, passa a hora do almoço no trabalho e ainda leva para casa o trabalho pendente. Não separa o trabalho do divertimento, porque, enquanto trabalha, aproveita, se sente satisfeito. Existem pessoas que vivem satisfeitas, alegres, eufóricas, não porque tenham somente um projeto profissional, mas porque têm um projeto de vida. Acreditam que estão nesta vida para fazer coisas importantes. Elas sabem e lutam para que isso aconteça.

Encontre a sua missão na vida; três palavras importantes. "Encontre" é um verbo que implica agir, responsabilizar-se, tomar iniciativa, procurar, pensar, refletir e, por fim, encontrar. "Sua" implica que é sua, única, pessoal. Por isso, deve ser pensada e refletida; por isso, é necessário procurar e encontrar, não pode ser oferecida ou imposta, mas precisa ser sua, a "sua" missão. "Missão" implica ação, energia, motivação, compromisso, impulso, razão de ser objetivo. Quando encontramos a nossa missão de vida, tudo, de repente, tem sentido; é como uma bússola, é a referência, a foto do quebra-cabeça. A sua missão de vida tem que estar influenciada pelos seus princípios e valores, tem que incluir uma contribuição, tem que ser gratificante. A missão de cada pessoa se encontra, por um lado, na intersecção entre os valores mais profundos de cada um, e, por outro, aquilo que nos apaixona, nos move e nos emociona. Por fim, dons e competências.

Encontrar a missão e aplicá-la todos os dias é o impulso que têm as pessoas que vivem eufóricas e animadas. É o que dá sentido à vida, é o nosso projeto de vida, aquilo que nos ensina que existem coisas importantes que devemos fazer. Esse projeto deve incluir uma melhoria contínua como pessoa e a ajuda ao próximo, porque não existe maior desafio — sei que estou sendo repetitivo — que lutar todos os dias para ser uma pessoa melhor e ajudar os demais.

Ter uma missão oferece a sensação de sentido na vida e de controle. Você se sente feliz na medida em que controla a sua própria vida e vice-versa. Todos vivemos com um foco de controle interno e externo. Se acha que é você que toma as decisões e o que acontece é consequência do seu comportamento, então tem um foco de controle interno. Se você aceita o que acontece com você e o que está alinhado com o sentido da sua vida, o seu foco de controle é interno. Se, pelo contrário, você pensa que a sua vida está controlada por outros fatores como a sua saúde, outras pessoas, o chefe, a família, os amigos, o ambiente etc., então você tem um foco de controle externo.

A diferença é importante. Você controla o interno ou o externo controla você.

A felicidade consiste finalmente nas conquistas progressivas do nosso ideal, do nosso sentido na vida, do nosso projeto. Quando você trabalha todas as horas, todos os dias, para que a vida seja esse projeto fantástico, a sua mente gera endorfinas que o fazem se sentir cheio de energia e entusiasmo. Você se sente mais positivo e criativo. Esse sentimento reforça a sua automotivação e o empurra mais rapidamente para a conquista dos seus objetivos. Além disso, oferece a sensação de serenidade, de paz e de alegria interior que sentimos quando sabemos que estamos fazendo bem as coisas que temos que fazer, a obsessão para melhorar todos os dias um pouquinho, para ser uma pessoa melhor, apaixonada, com entusiasmo. É fantástico viver com esse objetivo, ou seja, fã da sua missão, fã do seu projeto.

9 OS 5 Ps DA VIDA

Na matéria de *marketing* do curso de Administração de Empresas estudam-se os clássicos 4 Ps de Kotler, que fazem referência às políticas de produto, preço, praça e promoção, os quais devem ser considerados em uma estratégia comercial. Depois, falou-se em 5 Ps de *marketing*, porque foi incluído pessoas. Na vida, também existem os 5 Ps, todos nos movemos por um dos 5 Ps. Existe um P que é o nosso motor, o que manda na nossa vida; existe um P que nos orienta e influencia em todas as decisões que tomamos.

O primeiro P possível é o poder. Há muitas pessoas que demonstraram que esse é o P importante para elas e existem de todos os tipos, algumas para manter o poder são capazes de mentir, enganar, dar falso-testemunho ou vender a própria mãe, desde que se mantenham no poder. Algumas pessoas mudam de opinião ou renunciam aos seus ideais para se manter no poder. O poder é uma grande fonte de motivação, embora tenha muitos inconvenientes. O primeiro é que só motiva enquanto existe, mas a motivação se transforma em amargura quando o poder é perdido. O segundo é que não podemos dizer que o aproveitamos muito, porque, para mantê-lo, precisamos conviver com o medo de perdê-lo, com o rancor e com a inveja daqueles que o ameaçam. Por fim, muito desanimador.

O segundo P é o prestígio. Existem pessoas que não têm poder, mas buscam o "prestígio" que os cargos, as posições, os títulos, a fama dão a qualquer custo. Há pessoas que são capazes de vender a alma ao Diabo para aparecer em um meio de comunicação ou para ostentar um determinado cargo ou título. O prestígio também tem inconvenientes. Compartilha com o poder o inoportuno fato de que a satisfação é mantida enquanto se mantém o prestígio; quando existe outra pessoa que tem mais prestígio ou quando esse prestígio já deixou de ser valorizado ou deixa de ser aplaudido constantemente, chega o desânimo. O importante não é ser importante; o importante é ser feliz.

O terceiro P é o patrimônio! Tudo pelo dinheiro! Acredita-se que o dinheiro e os bens materiais vão nos fazer felizes; a felicidade adquire, então, uma dimensão comercial, pois a publicidade atua como alavanca de aceleração dessa felicidade que precisamos comprar. Não é preciso dar muitos exemplos de quantas pessoas abraçam esse P. Estamos acostumados a ver na televisão operações policiais feitas nas prefeituras por causa da corrupção e pelas cobranças ilegais de propinas. Estamos cansados de ver pessoas que têm mil e roubam mais mil, pessoas quem têm um elevadíssimo nível de vida que precisam roubar, porque nunca têm o suficiente, porque sempre é muito pouco, porque a avareza não tem limites. Por méritos próprios, existem hoje empresários e políticos que competem de igual para igual com os mafiosos, com bandidinhos e delinquentes de todo tipo, por ser o grupo mais corrupto da sociedade. O importante não é ser rico; o importante é ser feliz.

O quarto P é o prazer; gostamos ou não de algo. "Devemos fazer só o que gostamos"; esta é a mensagem que a sociedade nos envia; ser livre é fazer o que temos vontade. Não existe nada que chegue tão perto da irresponsabilidade quanto isso. Se você gosta de cuidar do seu filho, vai cuidar dele; se não, não o fará. Se gosta de fazer as coisas bem, você fará; caso contrário, não as fará; é a vida hedonista que tanto atrai. Françoise Réveillet explica que a cultura do "já", a cultura do instante se transforma na cultura do deleite e da satisfação imediata. Com esse P também não alcançaremos a felicidade, porque a satisfação dura enquanto houver prazer ou novidade; esta última rapidamente desaparece tão logo surja outro objeto ou motivo de desejo.

Finalmente, o quinto P de princípios. Princípios e valores humanos. As pessoas fantásticas são fantásticas, porque são honestas, íntegras, honradas, não mentem, não enganam, são leais, ajudam o próximo, são generosas, compartilham etc. Gandhi dizia: "Devemos nos converter na mudança que procuramos no mundo"; isso é ser íntegro. Esse P é o único duradouro, é o único que traz a alegria e a felicidade internas que todos buscamos. O sucesso não é a base da felicidade, mas a felicidade, sim, é a base do sucesso. Ser uma boa pessoa, no longo prazo, é muito benéfico. Talvez você não fique milionário, mas terá vencido na vida. A consciência é a nossa maior riqueza. Hoje em dia, parabenizamos as pessoas por sucessos externos, por prestígio, por poder, por promoções profissionais, por carros, por casas, enfim, por posses, mas deveríamos parabenizá-las por seu modo de ser, por suas atitudes, por seus princípios, por sua maneira de agir; deveríamos elogiar a bondade, a paciência, a generosidade. É das pessoas com valores humanos que nós gostamos, as que nos atraem; é com elas que queremos viver e conviver.

10 O LADO ESCURO

A responsabilidade consiste em fazer o que é preciso ser feito. "O que é preciso fazer deve ser feito." Eis a definição de responsabilidade. Não é "Faço o que eu quiser", apesar de que seja esta a ideia que a sociedade de hoje nos vende, como vimos. Precisamos fazer o que é preciso, mesmo que muitas vezes não nos agrade.

Qual é a pior doença que podemos ter no nosso jeito de ser? Qual é a pior coisa que pode acontecer para se queimar a lâmpada? Que nome damos ao câncer da atitude? A pior doença que podemos ter na nossa atitude se chama "ficar no vale das desculpas". Trata-se de um conceito de Brian Tracy, que eu acho genial e que sempre explico nas minhas palestras: o vale das desculpas. Como saber se temos ou não essa doença? O diagnóstico é muito rápido e simples. Vocês lembram daquela série da televisão que se chamava *V: a batalha final*, de uns répteis extraterrestres que invadiam o planeta? Como era possível saber quem era um lagarto e quem não era? Por fora pareciam todos normais, conseguíamos reconhecer quando víamos que eles estavam comendo um rato, escondidos, atrás de uma porta. "Nossa, esse é um dos malvados, e olha que não parecia!" Existem muitos lagartos nesta vida; estamos rodeados deles. Falo no masculino, porque no feminino soa estranho, mas existem de ambos os sexos. Como saber se você é um lagarto, se está no vale das desculpas? O diagnóstico é muito fácil, e não estou falando sobre o que você come, mas de como você fala. Quando alguém pergunta: "Como você está?". Se, nas suas respostas, você utiliza com frequência "é que", não tenha dúvidas, você tem essa doença! Você é um lagarto! Talvez você pense: "Cara, eu utilizo essas duas palavras com frequência". Então, você já está no estágio avançado dessa doença.

Eu dou as notas para os alunos universitários de uma maneira muito particular. Se algum aluno tem senso de humor, dou um ponto extra, porque acredito que o senso de humor na vida é muito importante, ajuda a superar muitas dificuldades e a aproveitar mais as alegrias, ajuda a deixar a vida mais agradável e a fazer os outros mais felizes. Não valorizo quem é engraçado, palhaço ou quem tenha a capacidade de contar piadas; não, não é isso. Valorizo, sim, o senso de humor. Por outro lado, se conseguem deixar de fumar, dou mais dois pontos extras. Você já percebeu que é bem fácil aprovar na minha matéria. Se você tem senso de humor, ganha 1 ponto; se parar de fumar, ganha 2; no total, já tem 3 pontos. Se fizer anotações da aula, já tem 5 pontos. Os meus alunos precisam colocar o nome em uma lista quando decidem parar de fumar e escolher o dia. Qual é o dia que a maioria deles escolhe? O mesmo que você e eu escolhemos ou que escolherá a maioria da população: 1º de janeiro. O dia que todos estamos animados, motivados, dispostos a alcançar o nosso objetivo, custe o que custar! Começamos com muita vontade na manhã do primeiro dia de janeiro. "Este ano, vou parar de fumar; ontem eu fumei cinco maços e hoje vou começar. 'Que a força esteja comigo!'" No entanto, logo o vírus do "é que" ataca, como sempre acontece quando nos esforçamos. "É que o café não é a mesma coisa sem um cigarrinho", "É que eu fico de mal humor", "É que eu escolhi o pior momento", "É que é o único vício que eu tenho; aquele ali tem três", "É que engorda", "É que fumar é um prazer", "É que já não gosto do papo depois das refeições", "É que ele me relaxa", "É que fumo pouco", "É que vivemos só uma vez", "É que de alguma coisa a gente vai morrer", até que "plaft", caímos, desistimos e pegamos um cigarro. Além de tudo, temos a cara de pau de acender, dar o primeiro trago e pensar: "Fiz tudo o que podia, tudo e mais um pouco". No entanto, qual é a realidade? Fra-cas-sa-da. Você é uma pessoa fracassada. Sim, sim, é que engorda, é que as conversas, é que, é que. Você realmente tem razão e todos os argumentos estão corretos. Claro. No entanto, o que fracassou foi a sua tentativa de parar de fumar.

Entretanto, existem pessoas grandes nesta vida, os craques, os alunos que param de fumar. Também começam com muita vontade no dia 1º, também fumaram cinco maços no dia anterior para se despedir, também se deparam com o vírus "é que" no dia 1º logo cedo. Mas eles o superaram. "É que o café já não é a mesma coisa", "Pois se acabou tomar café; agora tomo chá!". "É que fico de mal humor", "Pois que me suportem; afinal, faz anos que suporto essa gente, e serão só alguns dias". "É que os papos depois das refeições já não são a mesma coisa", "Quais papos? Quando eu acabo de comer, vou trabalhar, tanto bate-papo e tanta besteira...". "É que engorda", "Bom, aqui estou eu me empanturrando de 'jamón'; depois, eu perco esses quilinhos a mais". No fim das contas, ultrapassam todas as dificuldades e conseguem parar de fumar. Conseguiram!

Qual é a diferença entre ambos? Que diferença há entre a pessoa que consegue e a que fracassa? Bom, na vida existem dois tipos de pessoas, as que lutam e as que choram; existem pessoas responsáveis e pessoas irresponsáveis. Pessoas que se comprometem e pessoas que não se comprometem; pessoas que perseveram e pessoas que lamentam. Em qual grupo você está? Não existe meio-termo, ou você está ou não está, ou você luta ou não. Se você luta mais ou menos, no final vai acabar caindo; é só uma questão de tempo.

Existem muitos lagartos nesta vida. O ambiente é muito propício para que apareçam. É muito mais fácil reclamar do que fazer. Os lagartos lamentam todo o dia e utilizam como escudo o "é que". Estamos rodeados! Áreas de descanso ou máquinas de café nas empresas, nas portas dos colégios. Focos de infecção! Sempre existe um lagarto que quer nos desmoralizar ou que nos conta suas tristezas, ou gente em busca dos culpados em todas as situações ; ainda há os que dizem como as outras pessoas agem mal e que elas é que são grandes.

Qual é a mentalidade das pessoas grandes? Sua mentalidade não é a de "é que"; na verdade, elas vivem com um *chip* do "O que eu posso fazer para"; é muito mais difícil, mas muito mais efetivo. É a mentalidade que separa os grandes dos medianos, os craques dos medíocres.

Existem momentos na nossa vida nos quais precisamos dar um salto, um passo importante, aceitar a responsabilidade, mas ficamos com um pouco de medo. Por isso, em vez de dar o salto que precisamos, damos um salto menor. O que acontece, então, é que não chegamos "ao outro lado". Caímos no vale das desculpas, naquele cuja culpa do que acontece conosco é sempre dos outros ou das circunstâncias, mas nunca nossa. Nos sentimos muito confortáveis procurando desculpas, sempre encontramos um culpado que justifica o que fizemos — ou o que não fizemos. Você não conseguiu parar de fumar quando tentou, mas... de quem é a culpa? Sua? De jeito nenhum! Era só o que faltava! Além de tudo, temos a cara de pau de voltar a fumar e pensar: "Fiz tudo o que podia, tudo e mais um pouco, mas é que, é que, é que". A realidade, porém, é que, na vida, quem quer fazer alguma coisa encontra um meio; quem não quer encontra uma desculpa. O perigo do vale das desculpas é dobrado. Por um lado, é fácil cair porque é confortável; não preciso fazer nada, apenas reclamar. Em segundo lugar, é muito tentador porque, quando caíamos, percebemos que não estamos sozinhos, que esse lugar está lotado! "Tudo isso de gente, que ambiente, se eu soubesse teria me lançado antes!"

Os norte-americanos com certeza têm muitos defeitos, mas precisamos reconhecer que têm uma grande virtude: todos nascem com um *chip*, com um gene. Está incrustado na medula espinhal desde o dia em que nascem, que é o gene da responsabilidade. "Se alguma coisa que precisa acontecer depende de mim, eu sou o responsável". Os latinos (eu tenho ascendência holandesa, mas me identifico muito com o temperamento latino) temos outro gene. Diferente. Nosso *chip* é "Eu sou um fenômeno, e a culpa é da aquela pessoa ou daquilo", e complementamos a frase com este outro *chip*: "Eu te falei", "Eu já te disse". Temos coisas fantásticas, mas também temos alguns defeitos. Este é um deles. Somos uma sociedade de chorões, adoramos procurar culpados, encontrar desculpas. Todos somos um pouco presidente do país; a quem queremos enganar? Todos somos a diretora-geral; todos somos treinadores de futebol. No fundo, e, às vezes, na superfície, pensamos que sabemos mais que todo o resto e que existem muitas pessoas inúteis soltas por aí. Somente se reconhecermos esse pequeno defeito é que poderemos enfrentá-lo. Em um país de tertúlias, todos os dias escutamos seus participantes na televisão ou na rádio que sabem mais que todo mundo; sabem de política, de economia, de cultura, de esportes. Às vezes, quando escuto essas pessoas, penso: "Então, faça você! Se sabe tanto, faça!".

O hábito mais importante que podemos incorporar ao nosso modo de ser é a autodisciplina: a habilidade para fazer o que precisa ser feito, no momento necessário, querendo ou não. Sem procurar desculpas.

Eu gosto muito de experimentar, investigar e ver como as pessoas reagem. Ultimamente, tenho feito isso em cafeterias. Entro e peço um café com leite. Em seguida, pergunto: "Tudo bem? Como está indo o negócio?". Às vezes, algumas pessoas dizem: "Por que está perguntando isso? Para me provocar?". "Não, não, — respondo —, só quero saber como estão indo as coisas". Muitas vezes, começam nesse momento a ladainha do "é que". "É que a crise está feia, é que existem cinco milhões de desempregados, é que as pessoas já não tomam café da manhã fora de casa, é que aquelas pessoas que pediam uma xícara grande de café com leite, começaram a pedir só o cafezinho (para reduzir os gastos, melhor dizendo), é que aquelas que pediam um *croissant*, agora compram um dia sim e dois não." "Sério? — respondo — O que você vai fazer agora?" "Aguentar, né? Vamos ver se o governo se lembra da gente e nos ajuda, porque este é o setor que move o país." "Desculpe por perguntar, mas quantos *croissants* você vendeu hoje?" "Zero". Claro, não podia ser diferente. Tudo o que ele disse é verdade. Tudo é verídico, absolutamente tudo; no entanto, tudo isso está fora do controle dele. Existem outras cafetarias, nas quais você pede um café com leite, e o garçom responde: "Desculpe, acabamos de fazer um *croissant*, quentinho e crocante, gostaria de experimentar um?". 7h15 da manhã. As palavras-chave são "quentinho", "crocante" e "acabamos de fazer". Você cai ou não? Essa cafeteria vende 14 croissants por dia. Como é possível? Que uma cafetaria venda 14, e a outra não venda nenhum? Elas estão no mesmo setor, no mesmo país, enfrentam a mesma situação econômica, tudo igual. A explicação é muito simples: existem pessoas que choram, e pessoas que correm atrás do prejuízo; pessoas que choram, e pessoas que lutam; pessoas que reclamam, e pessoas que põem a mão na massa.

Pude comprovar muitas vezes, e você também pode fazer como eu. Entre em uma oficina de carros e pergunte ao recepcionista: Como está a venda de dispositivos *handsfree* por *bluetooth*? O que responderia a maioria dos recepcionistas? "Horrível!" "É que a crise está feia." "É que esses dispositivos são caros." "É que as pessoas não querem trocar nem as pastilhas de freio que são para sua segurança." "É que o salário não é suficiente para o mês todo." É que, é que, é que. Venda de dispositivos *bluetooth* no fim do mês: 0. Lógico, além do mais, tem razão. Claro que é verdade, mas o que eles não entendem é que são coisas impossíveis de serem controladas. Lá está o Jaime, local onde levo o meu Ford Fiesta, que é quase um clássico. Certo dia, entro na oficina, e ele me pergunta: "Victor, uma pergunta, você fala muito ao telefone?". "Sim, sim, claro. Por que você está perguntando?" "Você sabe que são três pontos na carteira se pegarem você falando no celular enquanto dirige? — diz —, e estão colocando câmeras nos semáforos para pegarem a gente!" "Nem brinca, Jaime!" "Quer aproveitar que você está com o carro aqui, desculpe, com o seu supercarro e instalo os dispositivos *bluetooth* com um desconto?" Comprei a ideia ou não? Claro! E saí de lá pensando: "Que fenômeno!". Imagine que mil pessoas passem pela oficina, e ele faça a mesma pergunta a todas. "O senhor fala muito pelo telefone?", "O que a maioria responderia? Que sim, obviamente. "Você sabe que são três pontos se pegarem você falando no celular?" O que a maioria também responderia? "Nem brinca!" "Ponho ou não?". É assim que os dispositivos *bluetooth* são vendidos, e essa atitude é a diferença entre as oficinas que vendem 0 e as oficinas que vendem 14. No final das contas, é o mesmo setor, o mesmo tipo de cliente, o mesmo contexto. Não vendem 114, porque o mercado está desse jeito, mas a diferença entre 14 e 0 está na atitude.

Todos temos um desses *chips* na cabeça ou pensamos com o "é que" ou com o "o que posso fazer para", e decide-se mudar o *chip* rapidamente e pronto! Podemos instalar esse *chip*. Em todos os âmbitos da nossa vida, tanto pessoal como profissional. Você quer se dar melhor com o seu marido, com a sua mulher? Pode começar reclamando: "É que já está mais velho, ou mais velha", "É que as crianças", "É que os horários", "É que a minha sogra etc., etc.". Ou você pode, apesar de ter toda a razão possível no que relatei anteriormente, escolher responder à pergunta: "O que eu posso fazer para?". O que você acha que poderia fazer para ter um melhor relacionamento a dois?

Há muitas coisas que controlamos e coisas que não controlamos nesta vida. Existem circunstâncias que estão além do nosso controle; que fogem à nossa influência; não controlamos a situação econômica, nem o ambiente político ou social; não podemos controlar a atitude das outras pessoas, tampouco alguns acontecimentos que nos sucedem. No entanto, existem coisas que sim podemos controlar; controlamos o que fazemos, o que pensamos, as nossas atitudes.

Existem dois tipos de pessoas, as que vivem permanentemente "no lado escuro", centradas no que não podem controlar, reclamando e utilizando como escudo as circunstâncias adversas; do outro lado, estão os "jedis", os que vivem "no lado da luz", focados no que têm nas mãos e que depende deles; em busca das opções que têm para melhorar cada situação.

Quais requisitos precisamos ter para estar "no lado escuro"? Reclamar, reclamar, reclamar e criticar tudo. Requisitos para estar "no lado da luz"? Reclamar menos e focar mais no que depende de cada um de nós. Pensando desse modo, alguém pode dizer: "Se você pedir a minha opinião, tenho certa inclinação para o 'lado escuro', reconheço". Ele e todos! O que precisamos fazer? Reclamar? Isso é muito confortável. Se for para reclamar, todos fazemos parte da lista. O que precisamos fazer para estar "no lado da luz"? Reclamar menos e nos esforçar mais no que temos em mãos. Uau, que desconfortável. É muito mais fácil reclamar, lamentar, pôr a culpa no ambiente, nas circunstâncias, nas outras pessoas etc. — principalmente porque temos razão — que focar no que controlamos, no que podemos fazer, em nos esforçar e lutar, apesar de também termos razão. Por isso, "o lado escuro", está acabando com as pessoas medíocres, e há pouca gente no "lado da luz"; podemos contar nos dedos as pessoas grandes.

Claro, todos conhecemos pessoas que lutaram, que se esforçaram, que fizeram tudo o que podiam, e, no final, fracassaram. Lutar não garante o sucesso. No entanto, chorar garante o fracasso. Dispostos a fracassar, pelo menos é melhor agir sabendo ter feito todo o possível e ter serenidade. Se você fracassar e no fundo souber que poderia ter se esforçado mais, os remorsos virão à tona, remorsos próprios das pessoas medíocres. Menotti, treinador da Argentina que venceu a copa em 1978, dizia que "não devemos chorar quando perdemos; devemos chorar quando traímos o nosso compromisso".

Não se pode exigir que você seja bem-sucedido em tudo o que fizer, mas se pode exigir que você faça tudo que está nas suas mãos para alcançar determinado objetivo. Fazer tudo da melhor maneira possível é tudo que podem pedir a você — o que não é pouca coisa. Se você é esse tipo de pessoa, então está no grupo das que triunfaram, das que deram o sangue, das que foram proativas, das que se esforçaram. Essas pessoas, embora fracassem do ponto de vista do mundo externo, venceram porque fizeram tudo que estavam em suas mãos. É possível perder, fracassar, mas os perdedores reclamam e procuram desculpas; os ganhadores assumem os erros e aprendem para não cometer o mesmo erro novamente. Rafa Nadal é um exemplo fantástico dessa atitude. Bom, o Nadal é um exemplo disso e de muitas outras coisas.

A pior desculpa que podemos dar a nós mesmos é a falta de tempo. Temos boas intenções para fazer as coisas, mas "É que não tenho tempo". Essa desculpa se desfaz rapidamente com dois argumentos. O primeiro: se você trabalha 10 horas e dorme 8 (talvez tenha exagerado um pouco nas horas de ambos ou não), então sobram 6 horas todos os dias.

São 6 horas por dia, vezes 5 dias por semana; mais 30 horas de que você pode dispor do final de semana, ou seja, são 60 horas; se multiplicarmos por 50 semanas por ano (arredondando) são 3 mil horas. Não estou contabilizando feriados nem férias; caso contrário, seriam mais horas. Todos temos essas 3 mil horas para fazer o que queremos: ir ao supermercado, brincar com as crianças, ler, fazer algum esporte, aprender um idioma, cozinhar, limpar a casa, resolver assuntos, jogar tênis. Todos temos esse tempo. Existem pessoas muito ocupadas que têm tempo para fazer o que querem, mas também existem pessoas menos ocupadas que nunca têm tempo para fazer nada. Não é questão de tempo; é questão de organização e vontade. Segundo argumento para desfazer a desculpa: o tempo médio que estamos grudados na televisão na Espanha são 4 horas por dia; 4 horas! Este é um país de babacas, não é? Se você não vê TV, isso significa que você tem mais 8 horas! Tenho certeza de que você diz que não tem tempo para fazer nada. Você conhece alguém que morreu porque não tinha tempo para comer? Temos tempo para o que importa para nós. Eu posso estar muito ocupado, mas nunca perco um jogo do Barça.

Existe uma oração fantástica que é recitada em todas as reuniões dos Alcoólicos Anônimos e que, para mim, é a melhor definição da pessoa grandiosa. É de São Francisco de Assis: "Senhor, concede-me força para mudar o que pode ser mudado; serenidade para aceitar o que não posso mudar, e sabedoria para distinguir uma coisa da outra". Impressionante. "Concede-me força" para focar naquilo que eu posso controlar, no que depende de mim; "serenidade" para aceitar o que não controlo, o que não depende de mim; "sabedoria para distinguir uma coisa da outra", porque, se não for assim, a tentação para estar do lado em que controlamos e ir em busca de desculpas seria enorme. Ter serenidade é uma coisa fácil de dizer, mas muito difícil de fazer, muitíssimo. Serenidade não é a mesma coisa que resignação ou conformismo; isso seria próprio das pessoas medíocres. Serenidade significa respirar fundo e aceitar que as coisas são como são, que não podemos fazer nada para mudá-las, gostando ou não, já que estão fora do nosso controle. Essa atitude é muito difícil, por isso somente as pessoas grandiosas estão no "lado da luz". É lógico, humano e até recomendável cair, de vez em quando, no vale das desculpas, porque necessitamos desafogar, mas, se caímos, temos que ser conscientes de que estamos ali e sair quanto antes. O ruim é que, se caímos e criamos raízes, ninguém conseguirá nos tirar de lá.

Eu gosto muito de jogar cartas. A vida, de certo modo, é como jogar cartas. Com a minha mulher, eu jogo "brisca". Repartimos três cartas para cada um, e o restante fica no centro. A minha mulher tem ascendência nórdica, muito nórdica. Os nórdicos têm uma parte da cabeça que funciona de maneira diferente, não digo que seja melhor ou pior, mas diferente. Às vezes, distribuo as cartas, e a minha mulher diz: "Aff! Distribui novamente as cartas, porque com essas cartas eu não jogo". Eu pergunto: "Por que você está fazendo isso? São as cartas que você recebeu". "Não, não — ela diz —, não tenho nenhum trunfo, o jogo está horrível, embaralha de novo." "Ei, mas você está roubando, amor", digo. "Embaralha logo e distribui novamente, babaca!" Eu fico quieto, dou risada e distribuo as cartas novamente. "E agora como saíram as cartas, amor?" "Muito melhor! Fantástico, quem começa, você ou eu? O que você disser." Às vezes, ela pega as cartas do monte e diz: "Esta carta vai acabar comigo; vou devolver", e a devolve, claro que a devolve e coloca dentro do monte de cartas para escolher uma que seja melhor. É assim que a minha mulher joga; ou você se adapta ou nem joga; já estou acostumado. Além de tudo isso, ela ganha. Claro, é o cúmulo! É sueca, não boba. Quantas pessoas vivem com a mentalidade dos suecos? Quantas pessoas querem devolver as cartas que receberam e pegar outras melhores? Temos que aceitar que a vida não funciona assim; a vida é como é. As circunstâncias surgem; não somos nós que as escolhemos. Existem muitas situações que não escolhemos e com as quais tivemos que viver. Caem nas nossas mãos, como as cartas. Ninguém sabe o que vai enfrentar; ninguém é capaz de saber o que acontecerá dentro de 5 minutos, 5 horas, 5 semanas, 5 meses ou 5 anos. Não temos o baralho nem distribuímos as cartas. Gostemos ou não, não embaralhamos nem distribuímos as cartas. É Deus que faz isso. Sim, mas nós jogamos. Nós jo-ga-mos. Daí vem a grandeza de cada pessoa, ou seja, em como joga as cartas. Não podemos escolher as cartas, mas podemos definir a maneira de jogá-las. Assim funciona a vida para todos nós. E a maneira de jogá-las é o que nos torna grandes.

Você é responsável pelo que pensa e sente; você é responsável pela sua atitude e pelo seu estado de ânimo; se você sofrer, é o único responsável por sofrer. Você não mudará as circunstâncias, mas pode mudar seus sentimentos. Nunca, nunca, nunca poderemos mudar as circunstâncias que surgirem diante de nós ou que tivermos de viver. Nunca, nunca poderemos escolher os acontecimentos. Nunca. Mas sempre, sempre, sempre poderemos escolher a nossa atitude. Sempre. Esta é a nossa grande liberdade. Você escolhe a sua atitude, você escolhe se vai lutar ou reclamar, você escolhe se vai ser positivo ou negativo, você escolhe se vai ser otimista ou pessimista, você decide se vai perseverar ou lamentar. Só você pode fazer essa escolha. Só você. Cada escolha, cada decisão, cada instante, cada comportamento na sua vida aproxima você um pouco mais da grandeza ou aproxima mais da mediocridade. Essa decisão é sua. Essa liberdade é sua.

11 CRISE FACIAL

Um dia você se senta em um banco e observa as pessoas que caminham pela rua. Observe o rosto de cada um. Você perceberá que, sem dúvida, temos uma enorme crise de expressão facial! Nos transformamos em pessoas muito sérias; estamos vivendo muito sérios e deixamos de sorrir. Se você vir alguém sorrindo por aí, vai pensar que é louco.

Eu não expulso os meus alunos da sala por conversar, comer ou beber algo; não acho que isso seja grave. Agora, veja bem, se eu percebo que um está com cara de pateta, pode sair da sala de aula! Expulso logo. As minhas aulas são das 8h às 10h, segundas e terças. Há alunos que madrugam, porque talvez morem longe; eles se sentam na sala de aula, e às 8:01 eu os expulso :-). No começo do ano, sempre perguntam: "O que eu fiz, *fessor*?". "Você estava sério", respondo. "Mas eu estava escutando!" "Por isso mesmo; vai escutar lá na rua!" Sempre pensei que é possível escutar sem fazer cara feia, é possível estar atento e estar com uma feição agradável, sorridente. No começo de cada ano, tenho algumas discussões mais ou menos importantes com os alunos por esse motivo. Eu os entendo e também ficaria irritado, mas, conforme vão passando as semanas, eles vão entendendo; no final das contas, todos estão sorrindo quando caminho pela sala para ver que expressão facial têm.

A minha matéria é de *marketing*, e estou absolutamente convencido de que mais importante do que aprender os 4 "pês" de Kotler, ou aprender as estratégias de segmentação de um mercado, é aprender a ter um rosto alegre. A nossa vida vai fluir de acordo com a nossa expressão facial; além disso, a pessoa vem à faculdade para aprender. Se os alunos aprenderem somente a importância da própria vida, se aprenderem a ter uma expressão feliz, a sorrir, eu já ficarei muito contente.

Existem rostos muito sérios; que nos fazem recuar; que geram tensão; algumas expressões não nos dão vontade de chegar nem perto; é preciso estar conscientes do rosto que mostramos para os outros. Vivemos do que transmitimos aos outros e o que transmitimos começa pela nossa expressão facial. Somos responsáveis pela expressão facial que temos, seja lá qual for o rosto que temos, fazer o quê; alguns poderiam até reclamar. Não somos responsáveis pelo rosto que temos, mas somos responsáveis pela expressão facial que transmitimos. Existem pessoas que nasceram com um rosto fácil, com uma fisionomia que as ajuda a transmitir uma feição agradável. Os que não tivemos essa sorte, devemos nos esforçar para transmitir essa imagem agradável. A pessoa pode ser feia — não tem nenhum problema em ser feio; existem feios que saem com mulheres bonitas, mas não é preciso, além de feio, ser desagradável. Isso já seria culpa nossa. Gostamos de lidar com pessoas agradáveis, com rostos sorridentes. As pessoas demoram a entender essa realidade tão simples. Quantas pessoas fariam um grande favor para os outros se aprendessem a sorrir um pouco mais.

Às vezes, o ambiente não é o problema, a sociedade não é o problema, o cliente não é o problema nem os nossos familiares; o problema é a cara, não a que temos literalmente, mas a expressão que damos a ela.

Existe um provérbio chinês que diz: "Quem não sabe sorrir não deve abrir uma loja". Os provérbios chineses e as máximas espanholas resumem a sabedoria mundial.

12 FAÇA QUE SIM, ATÉ QUE VOCÊ REALMENTE SEJA

"Faça que sim...até que você realmente seja"; este é o grande truque para configurar os hábitos do seu temperamento. Simples assim; complicado também.

Quer ser gentil? Viva como se você fosse a pessoa mais gentil do mundo, seja amável com todo mundo que encontrar, com todas as pessoas com quem tiver contato e, no final, será uma pessoa muito gentil. Quer aprender a escutar? Aja com se você fosse um melhor ouvinte, até realmente ser um deles; você não será a melhor pessoa do planeta que sabe escutar, mas aprenderá a escutar da melhor maneira que puder.

Você pode pensar que se trata de uma maneira muito artificial de adquirir um hábito, uma vez que não é natural porque o força a agir de uma tal forma. De certo modo, é isso, mas qualquer aprendizado requer uma prática consciente, até se transformar em algo automático e começar a fazer parte de você, transformando-se em um hábito. Quando começa a jogar tênis, nas primeiras vezes você pensa no melhor jeito de posicionar a raquete; quando já joga há muito tempo, nem é preciso pensar. A mesma coisa acontece quando aprendemos a dirigir, a tocar um instrumento, a falar em público etc. É assim que os hábitos são adquiridos.

13 APRENDA A SER OTIMISTA

A realidade não existe. Pense bem, não existe. O que existe é a "sua" realidade, mas não uma realidade objetiva. Sim que existem uma cadeira, uma mesa, um sapato ou uma raquete. São realidade físicas, objetivas e indiscutíveis. Contudo, para nós essas realidades não existem. Nem para nós, nem para ninguém. Na nossa cabeça, não existe a palavra "cadeira" quando vemos uma cadeira. Existe a realidade (a cadeira) aliada a um adjetivo que sempre adicionamos a essa realidade. A menos que essa realidade nos importe bem pouco, separar a realidade do adjetivo é muito difícil. É tão difícil que quase nunca fazemos. Quanto mais nos interessa uma realidade, mais ela nos afeta; quanto mais ela for importante para nós, mais difícil será separá-la do adjetivo. Vemos uma cadeira, sim, é verdade, mas vemos uma cadeira bonita ou uma cadeira feia, confortável ou desconfortável, clássica ou moderna, limpa ou suja. Todos esses adjetivos podem ser corretos ou não. O que é indiscutível é que se trata de uma cadeira. No entanto, se você vê uma cadeira "bonita", esta será a sua realidade. Outra pessoa pode vê-la de outra maneira, mas para você a cadeira será "bonita". A cadeira é algo objetivo; o adjetivo é subjetivo. Quem escolhe o adjetivo? Aquele que atribui a qualidade à realidade. Nós mesmos. É você mesmo que decide escolher um adjetivo entre dezenas de adjetivos, e, a partir do momento que o escolhe, essa realidade subjetiva se transforma na sua realidade, diferente da realidade que outras pessoas podem perceber; será a sua realidade, e a sua atitude será coerente com a realidade que você interpreta. Por isso, não existe a realidade, no sentido objetivo. Ou talvez exista, mas não a aplicamos, porque para nós existe uma realidade adjetivada, uma realidade subjetiva.

Por isso, a atitude que temos é muito importante; a nossa atitude é o prisma através do qual interpretamos a realidade, como se fossem óculos. Quando você está de bom humor, interpreta tudo de uma maneira diferente do que quando está irritado.

A diferença entre as pessoas otimistas e as pessimistas não está na realidade que observam, mas no adjetivo que decidem escolher. Esta é a diferença relevante.

Sendo pragmáticos, diante da realidade existem três atitudes ou posturas que podemos adotar:

- É possível estar iludido. Uma pessoa iludida é aquela que distorce, modifica e altera a realidade de acordo com seu próprio gosto. Por exemplo, se hoje faz frio, se estamos com -4°C e a sensação térmica é de frio, podemos imaginar que estamos na praia, que a temperatura é de 40°C, que vamos começar a transpirar a qualquer momento. Isso não é ser otimista; é estar iludido. Muitas vezes, os otimistas são criticados e confundidos com os que se iludem. Ser otimista é uma coisa; estar iludido é outra coisa. O que se ilude está fora da realidade, imagina o que ele quer, embora não seja algo real. Se imaginamos que faz muito calor quando estamos a -4°C, e colocamos uma bermuda e uma regata, acabaremos pegando um resfriado. Depois pensará que não é um resfriado e que é uma sensação de bem-estar fantástica, mas, na verdade, não vai conseguir enganar a própria mente e você estará tão mal que ficará de cama (apesar de imaginar que está em uma corrida de iates). Deixar-nos iludir não nos levará a nenhuma parte, porque, cedo ou tarde, despertaremos para a realidade, uma vez que a ilusão não nos permite agir de maneira inteligente diante da realidade.

- A segunda possibilidade é ser pessimista. O pessimista vê uma realidade objetiva, mas decide escolher os adjetivos mais negativos e adversos, que, sem dúvidas, são reais, mas são negativos. Eu adoro futebol e sou muito fã do Barça. Isso me proporcionou muitas alegrias na vida e diversas tristezas. Neste exato momento em que escrevo, o Barça está no segundo lugar da "Liga", a 7 pontos do Real Madrid. A realidade é que são 7 pontos. O que se deixa iludir vai imaginar que não são 7, mas que estamos com 3 pontos na frente; ele faria sua própria classificação e até mesmo celebraria, mas estaria fora da realidade. O pessimista, por sua vez, pensaria da seguinte maneira: o Real Madrid é um time muito bom e acaba de ganhar de 5x1 no estádio do Osasuna, que é sempre complicado; só faltam oito jogos para terminar o campeonato, o time tem apenas três saídas complicadas: o Atlético, o Barça e o Athletic, ou seja, pode se dar ao luxo de perder um desses jogos e empatar o outro, mas é difícil que perca os três; além do mais, o Barça deveria ganhar todos, estão jogando muito bem, estão em forma. Considerando isso, é lógico que o estado de ânimo do fã do Barça seja negativo. Tudo o que ele disse é verdade. Tudo. Nada é interpretável. No entanto, é uma maneira de ver a realidade, embora não a única.

- A terceira possibilidade é ser otimista. O otimista, diante da mesma realidade, tenta procurar os adjetivos mais favoráveis, os mais positivos e fica com eles. A realidade é a mesma, mas com outros adjetivos. Um torcedor do Barça otimista faria um discurso diferente: ainda faltam oito jogos, são 24 pontos; se ganhamos o jogo no Camp Nou, a diferença será somente de 4 pontos e perder 4 pontos de 21 é possível, porque o Real Madrid tem que jogar como convidado no estádio do Atlético, onde faz 12 anos que não perde, e as estatísticas existem para serem quebradas, ou seja, é possível perder nesse estádio. Se não ganharmos o jogo, o Real Madrid pode perder no estádio do Athletic, um time que também está em forma. Além disso, joga contra times que estão por um triz de sair de cena e que vão dar o sangue para ganhar. Quando estiverem a ponto de ganhar os 3 pontos, talvez fiquem nervosos porque já chegaram a ter 10 em outras ocasiões. Todas essas abordagens também são reais; nada disso é mentira, é simplesmente uma abordagem diferente. Se alguém vê dessa forma, é lógico que seja mais positivo, que tenha uma atitude mais alegre e mais otimista.

Os dois têm razão, tanto o otimista quanto o pessimista. No entanto, existem mais vantagens em ser otimista. O pessimista é mais triste; o otimista, mais alegre. O pessimista tem mais dificuldade de conseguir um bom resultado porque se desanima, ele se predispõe negativamente; dá 80% porque não tem esperança, vê o lado negativo e desiste logo. O otimista, pelo contrário, se predispõe positivamente, dá 110%, tem esperança, e essas atitudes o levam a lutar mais; como consequência, tem mais possibilidades de alcançar seus objetivos. Na psicologia, isso se chama "a profecia autorrealizável". Se pensamos que as coisas vão sair mal, já não se esforçará completamente, em seguida verá que as coisas não funcionam, seu discurso interno será negativo, terá um desempenho abaixo das possibilidades; consequentemente, as coisas irão mal. Quando somos otimistas, o ciclo é totalmente ao contrário. Ser otimista não garante resultados positivos, mas nos predispõe a ter mais chances de alcançá-los. Além disso, permite que a nossa atitude e as nossas sensações sejam alegres e positivas, não tristes e negativas.

O pessimista vê as dificuldades em cada situação, e o otimista vê as oportunidades. É como aquela conhecida história do fabricante de sapatos que envia dois de seus representes a uma região africana para fazer um estudo de mercado com o intuito de ampliar o negócio. Um deles manda um telegrama com a seguinte mensagem: "Inútil. PT. Aqui todos andam descalços". O outro, triunfante, avisa o seguinte: "Oportunidade fantástica. PT. Ninguém tem sapatos".

Ninguém nasce otimista nem pessimista. Sim, podemos ter uma predisposição, mas existem os nossos hábitos, o esforço que fazemos para ser mais otimistas ou mais pessimistas. Precisamos fazer um esforço, propor a nós mesmos, perante qualquer situação, buscar o lado mais positivo, ver os aspectos mais favoráveis, explorar os adjetivos mais propícios. No começo, pode parecer mais difícil, mas, como acontece com os hábitos e como já dissemos antes, pouco a pouco ficará mais simples até que se transforme na nossa forma de ser, até que ser otimista faça parte do nosso temperamento.

Em algumas circunstâncias, é mais simples e rápido encontrar adjetivos positivos, mas existem outras que são um verdadeiro desafio. Eu adoro passar os fins de semana, as férias e todas as temporadas que eu posso em Ordino. É o meu lugar favorito deste planeta. Há alguns meses, em uma época em que estava trabalhando muito, eu queria que chegasse o recesso letivo de uma semana para passar oito dias em Ordino com as crianças. Todos os dias olhava a agenda, contava os dias que faltavam, imaginando o que faríamos e o período agradável que passaríamos. Na sexta em que viajaríamos me levantei com uma notícia ruim: o meu filho menor estava com febre, 39º. Todas as pessoas que têm filhos pequenos sabem que 39º, às 9 da manhã, não é algo bom. Naquela manhã, saí de casa com a esperança de que ele melhorasse. A minha mulher sabia que daria uma palestra, mas pedi que ela me enviasse mensagens sobre a situação dele. Nas pausas, eu olhava o celular, e os maus presságios se confirmavam: o baixinho tinha febre, e não poderíamos ir. Com essa febre, era bastante provável que teríamos que atrasar a saída em dois ou três dias; considerando o recesso de oito dias, restariam apenas quatro ou cinco dias. Lembro quando terminei de trabalhar e já estava a caminho de casa. Estava muito aborrecido, de mal humor, porque meu plano era, naquela mesma noite, jantar em Ordino, mas acabaria jantando em Barcelona, como nos três dias seguintes; Ordino teria que esperar. Que azar! Eu tinha tanta vontade de ir! A partir desse momento, os mecanismos e as ferramentas que comentamos no livro precisam começar a funcionar. Devemos começar a entender que ter esses pensamentos tão negativos não ajudam em praticamente nada; que, na realidade, piorarão a situação. Devemos nos permitir ter momentos para desabafar, temos o direito de ficar irritados, mas devemos minimizar esse tempo; é preciso procurar a forma de voltar a pensar de forma positiva.

Uma pessoa que gosta de se iludir poderia pensar: "Ainda que eu não vá, vou imaginar que estou em Ordino, vou colocar fotos de montanhas em todas as janelas, para parecer que estamos lá; colocaremos abrigos nas cadeiras e no sofá, acenderei a chaminé, porque sempre faço isso lá, e direi ao meu filho mais velho que sempre que ele entrar pela porta fale que está fazendo muito frio, assim como se estivéssemos em Ordino". Podemos pensar assim, tentar, mas dificilmente será convincente. Entretanto, a realidade é que você não está em Ordino. E no fundo você sabe disso.

A pessoa pessimista teria desencadeado o seguinte tipo de pensamento: "Faz três semanas que quero que chegue esse dia, e agora já era; eu merecia essas férias, mas agora vou passar três dias em casa; já que o baixinho está com febre, não poderemos sair; perdi três dias ou quatro se a coisa não melhorar; trabalhei tanto, por isso é tão injusto que aconteça isso comigo etc., etc.". Como consequência lógica, o estado de ânimo será negativo, a atitude será de tristeza, mas o único culpado serei eu.

A minha cabeça precisa se esforçar para reconhecer os pensamentos negativos, entender que eles não me ajudam nem melhoram nada e começar a procurar pensamentos positivos. A cadeia de pensamentos pode ser outra: "Bom, que má sorte, mas, pelo menos, é uma febre, não alguma coisa mais grave; em três dias, estarei em Ordino e ainda me sobrarão cinco dias. Não posso reclamar porque existem muitas pessoas que não têm essa semana livre, por isso aproveitarei esses três dias em Barcelona para jogar tênis; ligarei para a minha irmã para ver se algum dia ela pode ficar com as crianças e, assim, sair para jantar com a minha mulher; vou a uma livraria comprar um livro, pois adoro ler e poucas vezes tenho tempo de aproveitar desse prazer; alugarei filmes e me atualizarei etc., etc.".

No final das contas, esse cenário não é melhor do que ter ido a Ordino, mas tenho que ter serenidade suficiente para entender, aceitar e admitir que a realidade mudou, que existe uma carta nova e inesperada, e reagir diante dela. É trabalhoso, não é fácil, mas vale a pena o esforço. A realidade é que nesses três dias, com sorte, caiu nas minhas mãos um exemplar de *David*

Copperfield, de Charles Dickens, um dos melhores livros que li na minha vida. Apreciei o livro como se fosse uma criança.

Ser otimista não significa lutar para mudar a realidade, mas se esforçar para ver o lado mais positivo e encontrar os aspectos mais favoráveis. Por nós, por nossa atitude e por nossa própria saúde mental. As pessoas que amam o futebol sempre agem assim. Ninguém pensa, no dia em que seu time perde, ver o jogo novamente, ver de novo os gols que levaram em câmera lenta, ler os jornais que apoiam o outro time nem, muito menos, ver os canais de televisão que não são favoráveis. Pelo contrário, nesse dia não vemos a televisão nem lemos os jornais; tentamos fazer outras coisas, ou pensar em algo que nos ajude a superar essa situação dolorosa. Também acontece o contrário, certo? O dia em que ganhamos, vemos todas as reprises, todos os canais de televisão e lemos todos os jornais, principalmente os que estão do lado do time contrário. Este é o mecanismo.

Precisamos fugir dos estraga-prazeres, dos que contagiam, dos que só sabem dar notícias ruins e dos que consumem a nossa energia. Precisamos fugir e rápido. Se alguma vez você escutar alguém que diz: "Não sou pessimista, sou um realista informado", comece a correr, porque estes são os mais perigosos; precisamos fugir deles como se estivéssemos fugindo da peste e fugir o mais rápido possível.

Sem dúvidas, existem situações extremas nas quais é mais difícil encontrar o lado positivo. Quando alguém tem um acidente muito grave ou quando alguém morre, não encontramos aspectos agradáveis. Existem circunstâncias dificílimas que exigem um processo de luto para superá-las — não funciona ser otimista; isso é um fato. Entretanto, o que precisamos nos perguntar é: por que existem pessoas que não passam por nenhuma circunstância grave na vida e, mesmo assim, são estraga-prazeres?

14 SEJA GRATO

É possível aprender a ser alegre, claro que sim! Além disso, todos gostamos da sensação de alegria. Se uma pessoa é de Cádiz ou da Itália, sem dúvida é mais fácil, pois existe uma predisposição natural. Não sei se genética ou não, mas é indiscutível que os gaditanos e os italianos têm uma alegria inata, uma forma fantástica de viver e ver a vida. Com certeza, eles têm outros defeitos, mas essa virtude devemos reconhecer.

Como aprendemos a ser alegres? Existem várias maneiras, mas existe uma que é muito eficaz. Aprendemos a ser alegres sendo agradecidos, e é possível aprender a ser agradecido.

Consigo pensar em três circunstâncias na vida para estar triste, "queimado", desligado, para não transmitir nada. Uma delas é o falecimento de uma pessoa muito querida. Outra: doença terminal incurável própria ou de uma pessoa muito querida. A terceira: ter mais de 50 anos, estar sem trabalho, não ter nenhuma expectativa de entrar no mercado de trabalho no curto prazo, ter dois filhos pequenos em casa, ter dívidas que não pode pagar e um salário que não será o suficiente até o final do mês. O nome dessas três circunstâncias é "drama". Hoje existem muitas pessoas que infelizmente estão vivendo alguma dessas três situações ou várias ao mesmo tempo. Se vivenciamos alguma dessas circunstâncias, temos todo o direito do mundo de estar tristes, de não transmitir alegria. Existem pessoas que, além de vivenciar circunstâncias como as mencionadas, vivem alegres, transmitem 30 mil watts — para as quais tiro o chapéu —, mas seria justificável perder o entusiasmo nesses casos.

Você não conhece ninguém que tenha falecido recentemente? Nenhuma pessoa querida que tenha uma doença terminal incurável? Você tem uma situação econômica mais ou menos estável? Nessas circunstâncias, deveria ser um pecado mortal perder a alegria; você simplesmente não tem esse direito. Deveríamos dar pulos de alegria pela rua. Pulos de alegria! Contudo, não vemos pessoas dando pulos de alegrias pela rua. Pelo contrário, muitas vezes vemos caras de trouxa, daquelas que dá vontade de parar no meio da rua e perguntar: "Desculpe, só por curiosidade, o que aconteceu com você? Porque, pela sua expressão, aconteceu alguma coisa bem grave!" Se parássemos essas pessoas pela rua, o que elas falariam? Dá para imaginar que nos dariam certamente os argumentos mais estranhos. "O BlackBerry não está sincronizando os *e-mails* esta manhã". Nossa que problema! Existem pessoas que são capazes de perder a alegria por esse tipo de problema. Ou problemas parecidos: "O ônibus acabou de sair e tenho que esperar nove minutos para que chegue o próximo", "Esta tarde tenho uma reunião e não vou conseguir ver o jogo", "O voo está com um atraso de 30 minutos" ou coisas parecidas ou piores. Claro que são contratempos, obviamente que ninguém gosta de perder o jogo, mas é um motivo para perder a alegria? Existem pessoas que reclamam porque têm que madrugar para pegar um trem. Se você pensa com a cabeça fria, quantas pessoas estão dispostas a acordar cedo ou não dormir desde que tenham um trabalho? Quantas pessoas dariam tudo para estar na situação na qual alguns de nós estamos? Apesar de tudo, você vai de trem, quentinho, com café da manhã na barriga, lendo as notícias e vendo um filme! Não precisamos fazer esse drama! Existem até aqueles que se dão ao luxo de ir trabalhar, pensando: "Que droga, tenho que ir trabalhar!". Deveria cair uma pedra em cima de nós se pensássemos assim, porque é muito injusto, especialmente em um momento no qual ter um trabalho é quase um luxo, um privilégio.

Isso não quer dizer que temos que aceitar tudo, que temos que nos conformar e agradecer. Não, não. Temos que ser ambiciosos, agressivos diante das injustiças, lutar para melhorar o que a gente não gosta, mas isso é compatível com valorizar o que temos, com ser agradecido. Claro que a vida tem problemas, claro que todos temos preocupações, evidentemente existem circunstâncias que nos desagradam. Contudo, só existem três circunstâncias que podem justificar o fato de perdermos a alegria. Todos os demais merecem a nossa preocupação, mas nunca que percamos a alegria.

Bom, enquanto eu escrevia estas linhas ontem, recebi um *e-mail* de um grande amigo chamado David Vila. O assunto dizia: "Ajuda - caso difícil". A mensagem era esta: "Tenho uma amiga que faz aniversário semana que vem. O marido dela está em coma e provavelmente falecerá hoje, amanhã ou depois de amanhã. O que eu poderia dar de presente para ela?". Hoje enviei uma mensagem para saber como estava o marido da amiga do David.

A resposta: "Aguentando como pode. Retiraram toda a medicação, e agora é questão de horas ou dias. Como ele é jovem, os órgãos vitais são fortes e resistem mais".

Isso é um problema, e dos grandes. Um bom motivo para estar desolado, para ter a lâmpada queimada, para não transmitir absolutamente nada.

Existe um ditado que diz: "Não sabemos o que temos até que o perdemos". É verdade, não demagogia; uma verdade incontestável. Não sabemos o que temos exatamente pelo fato de que o temos. No entanto, a vida é como a Bolsa de Valores; considera-se tudo como se já estivesse garantido. Não valorizamos porque estamos acostumados; não porque sejamos pessoas malvadas, mas porque estamos habituados. Não existe ninguém que chegue em casa, ligue a luz e diga: "Uau!" Bravo para a lâmpada. Não é mesmo? Seria algo anormal. Estamos acostumados que, sempre que tocamos o interruptor, a luz se acende, e isso já aconteceu tantas vezes que deixamos de valorizar quando essa ação continua acontecendo. Exceto no dia que não tem luz; aí, sim, percebemos quão importante é a eletricidade. Na vida, acontece a mesma coisa: estamos acostumados a levantar e a ter certeza de que nenhuma parte do nosso corpo vai doer. Levantar e ter a certeza de que temos trabalho, de que temos um cônjuge fantástico e filhos saudáveis, de que moramos em determinada cidade etc.

O que acontece é que somos humanos e, na nossa bolha, no nosso micromundo, o nosso maior problema é considerado o maior problema em caráter mundial. Às vezes, a maioria deles não se trata de problemas de caráter mundial nem mesmo são um problema. Até que a vida nos dá uma rasteira, então relativizamos e percebemos o que, de fato, é um problema e o que não é.

Você não sabe o que tem exatamente porque você tem. Não valoriza que vive em San Sebastián porque vive nesse local. Os que não vivem nessa cidade tão fantástica desejam mudar para lá. O meu filho não valoriza as *Champions League* que o Barça ganha porque tem 9 anos e, desde que se entende por gente, já comemorou três campeonatos. Uma a menos de todos os que eu comemorei em toda a minha vida!

A gratidão é um antídoto contra as emoções negativas; um neutralizador da inveja, da ganância, da hostilidade, da preocupação e da irritação. Já está comprovado que as pessoas que geralmente são agradecidas são + felizes, têm + energia, são + otimistas, experimentam + emoções positivas, são + amáveis, têm + empatia, são + espirituais e religiosas, + tolerantes e menos materialistas que as pessoas menos agradecidas.

Ser agradecido só traz vantagens, e, além de tudo, é grátis! Pensar com gratidão ajuda a saborear as experiências positivas da vida; expressar gratidão reforça a autoestima e o amor-próprio; a gratidão ajuda a enfrentar o estresse e as decepções, ajuda a passar pelos momentos ruins de uma forma melhor, faz que sejamos mais compassivos e bondosos; as pessoas agradecidas são menos materialistas, valorizam o que têm e não têm obsessão por ter mais, melhoram os relacionamentos sociais, reduzem as comparações invejosas com as outras pessoas. Praticar a gratidão é incompatível com as emoções negativas e reduz sentimentos como a irritação, a amargura, a cobiça, o ciúme.

Rojas Marcos, especialista e eminência mundial em questões de otimismo, aconselha fazer um exercício muito simples. O dia em que você estiver desanimado, pessimista, o dia em que estiver um pouco para baixo, pegue um papel e um lápis. Escreva 20 coisas pelas quais deve ser agradecido na vida. Vinte coisas fantásticas que você tem. Vinte coisas impressionantes. Todos temos 20 problemas e preocupações;

20, 30 ou 40. Se deixamos a mente neutra, livre, ela dirigirá os pensamentos para as preocupações. Esta é a maneira natural de ela funcionar, porque a mente está projetada para resolver problemas; este é seu mecanismo original. No entanto, às vezes devemos fazer o esforço para trazer-lhe alegria, o que está funcionando, as coisas que estão vão bem. Escreva 20 coisas. Não é fácil nem rápido; para fazer esse exercício talvez sejam necessários 15 minutos. Contudo, depois desse tempo pensando de forma positiva, a nossa mente diz: "Entendi! Não estamos tão mal assim". Começamos a ver as coisas de outro modo, valorizamos as coisas que funcionam bem; você fica mais alegre, mais positivo. As preocupações tiram muito tempo de nós, muito mais do que deveriam. Descartes, no final da vida, escreveu uma carta que dizia: "Minha vida estava cheia de preocupações, muitas das quais jamais aconteceram". Por isso, precisamos nos preocupar somente o necessário e aprender a conduzir a mente para as coisas positivas que também temos na vida.

Tenho certeza de que muitas pessoas quando lerem esse exercício pensarão: "Que bobeira! Preciso de uma coisa mais avançada, de algo mais sofisticado". Você, por acaso, tentou? Se acha que é uma bobeira, então está dizendo que o senhor Rojas Marcos fala bobeiras. Este é outro esporte nacional, saber mais que os outros, pensar que sabe mais que os especialistas, qualificar de bobeiras as coisas que nem chegou a tentar.

Vamos imaginar que eu propusesse a você o seguinte exercício. O dia que houver lua cheia pegue um copo de cristal e coloque dois dedos de azeite, azeite de oliva virgem extra, se for de Córdoba, melhor ainda. Deixe o copo com o azeite toda a noite no parapeito de qualquer janela que tenha a luz da lua. Certifique-se de que é lua cheia, porque pode parecer que é lua cheia quando às vezes não é. Pela manhã, pegue uma noz e triture-a. Coloque-a dentro do copo com o azeite. Acenda uma vela, ou melhor, um pouco de incenso. Pegue uma colher de plástico, certifique-se de que seja de plástico, porque, se for metálica, perderá toda a energia positiva acumulada. Misture três vezes no sentido horário e pense em três desejos. Em seguida, beba o azeite com os pedaços de noz de uma só vez. Ah! Não se esqueça de tampar o orifício esquerdo do nariz para que não escapem as emoções positivas.

Tenho certeza de que, se eu explicasse toda essa bobagem, haveria mais pessoas que fariam esse exercício que o de fazer a lista com 20 coisas que recomenda Rojas Marcos. Estou convencido de que existem pessoas que estão lendo esse exercício e devem pensar: "Sim, claro que sim; isso parece que funciona; tem que funcionar!". Porque estamos em um mundo no qual, se a coisa não for esotérica, se não tiver uma vela ou um incenso, então é uma bobeira e não funciona. Antes de fazer coisas esquisitas e estranhas, não seria melhor testar as coisas simples e fáceis que recomendam os especialistas?

Tal Ben-Shahar, o reconhecido professor de Psicologia Positiva da Universidade de Harvard, explica em seu livro *Praticar a felicidade* um experimento dos psicólogos Emmons e McCullough. Pediram a um grupo de pessoas que escrevessem todos os dias pelo menos cinco coisas pelas quais se sentiam agradecidas. As consequências desse simples exercício demonstraram ser enormes. Comparados a um grupo de controle que não fez o exercício, os que o fizeram desenvolveram maior capacidade de apreciar a própria vida, experimentaram níveis mais elevados de bem-estar pessoal e emoções positivas, sentiam-se mais felizes, eram mais assertivos e otimistas, mostraram-se mais generosos, sentiam mais vontade de fazer atividade física e, além de tudo, tiveram menos sintomas de doenças. Tudo isso somente por escrever em um papel, todos os dias, cinco coisas pelas quais estavam agradecidos!

Em outro estudo, o professor Martin Seligman, da Universidade da Pensilvânia, ensinou uma única estratégia para aumentar a felicidade de um grupo de pessoas que sofriam de depressão em estado grave. Apesar de ter dificuldades até mesmo para se levantarem da cama, todos os dias tinham que entrar em uma página da internet e fazer um exercício simples: lembrar e escrever três coisas boas que tivessem acontecido naquele dia. Depois de 15 dias, a depressão melhorou de "depressão grave" para "depressão leve ou moderada"; 94% dos participantes se sentiram melhores. Que besteira, não?

Existem outros exercícios mais complicados que também são recomendáveis. Um dia vá até um hospital. Eu fazia isso com um grupo de alunos do mestrado. Levava-os um dia por ano ao Hospital Vall d'Hebron, em Barcelona, à ala de oncologia. Recomendo que você faça isso; a entrada é gratuita. Você entra por uma porta e sai por outra; você entra de uma maneira e sai de outra, e as bobagens ficam no meio. Se você pensa que é demagogia, vá, vá e encontrará a demagogia; existem demagogias de 67 anos, de 37 e de 7. Quando vemos essas demagogias ou os familiares que estão juntos, saímos afetados, pensando: "E do que é que eu estou reclamando?", "Não tenho direito de reclamar de nada". Então, chegam os remorsos. Que pena que, quando saímos do hospital, pegamos o celular, entramos no carro e rapidamente esquecemos de tudo.

Ou, então, vá a uma oficina do INEM (Instituto Espanhol de Emprego). Também recomendo. Entre e sente por dez minutos, não dois minutos; dez. Observe as pessoas que formam a fila, coloque-se no lugar delas; tente imaginar qual é o tipo de vida que elas têm, na família delas, quais são seus projetos de vida, quais são os sonhos que elas abandonaram; como você se sentiria se estivesse no lugar delas. Não se trata de pessoas piores que nós nem menos capazes. Às vezes, é um problema de sorte ou falta de sorte. Se você fizer isso, aprenderá a parar de reclamar, a relativizar os problemas, a ser agradecido e a valorizar as coisas.

Por isso, é muito recomendável parar de vez em quando, para aprender a diferenciar um problema grande do que é um problema pequeno, para aprender a relativizar, para ser agradecido, para não reclamar. Caso contrário, nos transformamos em um intransigente crônico, um resmungão permanente. Qualquer besteira pequena se transforma em motivo de irritação. Se o omelete está frio, é motivo para confusão; se a água não sai quente em dois segundos, todo mundo do prédio já percebeu por causa do nosso grito. E assim vivemos; com pequenas besteiras que nos deixam raivosos. Temos que perguntar para nós mesmos: Por que não vivo com satisfação? O que tem tirado a minha alegria? Por que não vivo eufórico? Pare, pense. Faça uma lista desses problemas e perceberá que a imensa maioria é insignificante. Você automaticamente verá a vida de outra maneira de uma perspectiva muito mais alegre.

No piso de muitas igrejas do Reino Unido existem duas palavras escritas em lugares diferentes *Think* e *Thank you*. Estão relacionadas. "Pense" e "Obrigado"; se você parar para pensar, sem dúvida temos muitos motivos para ser agradecidos.

15 TENHA SONHOS

Uma pessoa com sonhos é uma pessoa alegre. Você vai ser pai ou mãe dentro de três meses? Você tem três meses de alegria. Alguém vai presentear você com um carro novo dentro de uma semana? Você fica emocionado toda a semana desejando que chegue o momento. Vai sair de férias dentro de dez dias? São dez dias durante os quais você não vai dormir esperando pegar esse voo! Uma pessoa com sonhos é uma pessoa que vive com injeção de ânimo, com muito entusiasmo; uma pessoa sem sonhos é uma pessoa triste, apagada, com a lâmpada queimada.

Você não tem nenhum sonho? Descubra e determine os seus sonhos. O ambiente não vai dar sonhos a você; pode esperar sentado. O mais inteligente é você mesmo determinar quais são os seus sonhos. Alguém pode pensar: "Sim, sim, claro; me dá um milhão de euros e você vai ver quantos sonhos eu terei!" Contudo, o melhor da vida continua sendo grátis ou quase grátis! Quanto custa jogar futebol na praia, dois contra dois, e depois do jogo tomar um aperitivo? É praticamente grátis (grátis se você ganhar, porque quem perder paga). Quanto custa um passeio entre Serrat e Ordino pela *Ruta del Ferro*? Grátis! Olhando as montanhas, escutando a água caindo do rio com toda velocidade e conversando durante horas, bem agasalhado. Um banho de 14 minutos com água bem quente? No lugar onde eu jogo tênis, a água tem um circuito fechado, ou seja, custa a mesma coisa 4 minutos ou 44 minutos. Combinar com meu amigo Toni fazer o Caminho de Santiago? Temos que ter tempo para esse passeio e, durante o percurso, gastaremos um pouco de dinheiro, mas a organização, o planejamento e pensar nas etapas é gratuito. Qual é o seu sonho? Pense e faça uma lista de sonhos. Você pode encontrar muitos sonhos que são gratuitos. Platão dizia: "Se você não tem muitos desejos, até as menores coisas parecerão grandes". Aqui deixo uma lista de coisas gratuitas ou quase gratuitas:

- Comprar um bom livro para ler em um final de semana perto da chaminé.
- Ver um bom filme que faça você rir ou chorar.
- Organizar um jantar com os amigos acompanhado de boas conversas.
- Andar de bicicleta usando *shorts*.
- Inventar uma festa quando não houver uma, para comemorar qualquer coisa; podemos comemorar tudo, até mesmo celebrar quando faz sete dias que você não tem dores no joelho.
- Tomar café da manhã na sua cafeteria favorita.
- Um jogo de tênis. Ou praticar qualquer esporte. Michael Babyak, da Universidade de Duke, demonstrou que 30 minutos de exercício físico três vezes na semana melhora a situação das pessoas com depressão, a atuação é a mesma que as dos antidepressivos. Não leia isso tão rápido, leia novamente. Se você

não faz exercícios, comece agora mesmo! Caso contrário, qual é o motivo de ler este livro? Você não quer melhorar?

- Reservar um tempo nos próximos dias para o seu *hobby* favorito. Uma hora por semana para você. Para fazer alguma coisa que você quiser ou algo que você tenha vontade de fazer.
- Convencer o seu cônjuge ou os seus filhos a fazer massagem na sua cervical.
- Tomar um suco natural de frutas.
- Conversar com pessoas mais velhas. (É fácil encontrá-las em qualquer praça. O grupo de vovôs ficará feliz se você se sentar com eles.)
- Ter uma conversa com crianças.
- Sair para jantar espaguete com o seu melhor amigo.
- Dar um passeio pela floresta.
- Ir até a varanda em um dia chuvoso para escutar e cheirar o aroma da chuva quando cai.
- Reservar uma hora para ler a sua revista favorita.
- Organizar uma refeição com alguém que você quiser em um lugar do qual goste.
- Preparar um *club sandwich* para o seu cônjuge ou para os seus filhos.
- Tomar uma cervejinha na varanda.
- Comprar boa música no iTunes (algumas custam poucos reais).
- Reservar tempo para ler o jornal. Que satisfação!
- Jogar *Pictionary* com amigos.
- Tirar um dia livre para assistir à fase prévia do torneio de tênis de Conde de Godó.
- Alugar um bom filme.

Não é uma questão de dinheiro; é uma questão de *chip*, de mentalidade. Talvez você pense que qualquer pessoa que vai a Nova York se emociona, mas não é verdade. Existem pessoas que têm esse sonho, e outras que não. Existem pessoas que compram o guia da cidade no mesmo dia em que viaja, no aeroporto, e passa as oito horas do voo sublinhando, sem comer nem deixar os outros comerem. "Agora, sublinha você, não olhe o filme, porque não temos tempo, e leia rápido." Existem pessoas que, ao contrário da anterior, compram o livro seis meses antes e destacam tudo o que lhes interessa no livro. Semanas antes, coloca fotos da "Big Apple" no espelho do banheiro, no papel de parede do computador põe um *skyline* de Manhattan, dentro da agenda tem um mapa da cidade com os restaurantes que quer visitar e assistiu a todos os filmes possíveis de Woody Allen para ficar por dentro. Não é questão de dinheiro; existem pessoas que nem com o dinheiro; trata-se de mentalidade. Algumas pessoas se emocionam porque à noite seu programa favorito vai ser transmitido na TV, ou porque no final de semana vai jogar pingue-pongue com os filhos, ou porque combinaram de brincar de Autorama com os vizinhos.

Lembro de uma amiga que planejava as férias de uma maneira interessante. Em agosto, toda a família passava uns dias em um hotel simples, poucos dias, mas aproveitavam desde janeiro, que é quando começava a competição. Fazia uma lista de 16 hotéis e a colocava na parede com suas respectivas fotos. Com o marido e os filhos faziam um torneio de tênis. Começavam pelas oitavas de final. Colocavam as 16 fotos uma embaixo da outra. Toda a família — eram quatro pessoas — tinha duas semanas para escolher dois hotéis, mais um de reserva, caso eles se repetissem. Dessa lista, saíam oito hotéis, para as oitavas de final. Duas semanas depois, passavam para as quartas de final, depois para a semifinal e, por último, jogavam a final. Ela me explicou que chegavam a comprar os votos quando estavam nas fases finais. Eram três dias de férias, mas eles aproveitavam seis meses.

Um cliente me explicava que ele e a mulher adoravam viajar, mas não podiam viajar com a frequência que queriam nem ir aos países que eles gostariam de ir. Desse modo, o que faziam era planejar um jantar mensal com outros casais de amigos. Em cada um desses jantares, um casal pesquisava sobre um país ou cidade. Antes do jantar, viam um vídeo sobre o lugar e os principais pontos de interesse que o casal respectivo havia pesquisado. Para o jantar, traziam os pratos típicos desse lugar e, durante a sobremesa, explicavam coisas interessantes sobre aquele determinado local. O jantar terminava com um presente: um livro a respeito de determinada cidade ou país para cada casal. Uma forma diferente de viajar!

No meu país, o café da manhã sempre foi algo sagrado. Os 20 minutos do café da manhã! Existem pessoas que adoram: o café com leite, o sanduíche de queijo e o jornal *Sport*. Que felicidade! É possível aproveitar essa pequena dose de felicidade todos os dias. No entanto, como existem muitos estraga-prazeres soltos por aí, também existem pessoas que tomam café da manhã lendo notícias de economia, se engasgam com o sanduíche de queijo, folheando a lista de devedores enquanto escutam as mensagens do celular e bebem o café. Você mesmo. Você escolhe. A vida se transforma em uma festa quando você aprende a aproveitar as coisas comuns do dia a dia.

Chegue em casa esta noite e diga ao seu cônjuge que vocês vão sair para jantar. Há algum tempo fiz esse experimento com um grupo de formação com o qual nos encontrávamos de tempos em tempos em Madri. O experimento consistia em chegar em casa, em uma segunda-feira, e falar para o cônjuge que vocês sairiam para jantar sem avisar antes. Tratava-se de verificar a resposta da parte contrária quando se fazia a proposta de sair para jantar em uma segunda à noite. A resposta de 80% deles foi "Sair para jantar? Esta noite? Você está louco? Hoje é segunda!". Somos tão chatos que "segunda" e "sair para jantar" não se encaixam na nossa mente. O que acontece com você? Você não janta segunda-feira? "Sim, mas não saímos", talvez pense. E quem sai para jantar em uma segunda? Dois estranhos. Na terça? Dois estranhos. Na quarta? Dois estranhos. Na quinta? Mais alguns estranhos. E na sexta? Um bando de estranhos. E no sábado? Outro bando de estranhos! No domingo? Novamente dois estranhos. Somos tão chatos que essa rotina se repete 52 semanas por ano, 77 anos da nossa vida. É exatamente a rotina que nos mata. Por que não podemos sair para jantar em uma segunda? Está proibido? Não existem restaurantes abertos? "Por que precisamos acordar cedo no outro dia." Podemos sair para jantar das 21h às 22h30 e às 23h já estaremos na cama dormindo. "Sim, mas não quero gastar tanto dinheiro." "Sair para tomar uma cervejinha e um espetinho são três euros por pessoa!" "Não existe nada grátis?". Se você mora em Barcelona, pegue um sanduíche que você ia comer olhando para a parede descascada da cozinha, pegue uma bicicleta e ande até a rua Balmes ladeira abaixo; não precisa nem pedalar, nenhum esforço; apenas uma linha reta. Chegue até a praia, o Hotel W estará à direita, os pés dentro da areia da praia; de fundo terá a paisagem do mar, e você verá como os aviões aterrissam. "É que está fazendo frio." Este é o problema! Estamos rodeados de estraga-prazeres, de pessoas que veem problemas em tudo. Já que é assim, na segunda, quando chegar em casa, coloque os bobes, as pantufas e o roupão. Em uma mão o holerite, e de fundo, na TV, o canal *Intereconomía*; vamos ver como você vai dormir. Claro que existem pessoas desanimadas. Mas o que elas fazem para não ficar assim?

Tenha sonhos. Torne-os realidade. É sua a responsabilidade de cuidar do seu estado de ânimo.

16 SENSO DE HUMOR

Está comprovado que rir faz bem para a saúde. Não vou detalhar os dados que comprovam os benefícios de rir, porque não sou especialista no tema. No entanto, todos sabemos que rir é fantástico; nos sentimos diferentes, vemos a vida de maneira diferente quando rimos.

O senso de humor é uma virtude enorme, e, na minha opinião, pouco valorizada. Como já expliquei, dou um ponto na nota dos meus alunos quando eles têm senso de humor. Isso será muito útil na vida deles para enfrentar melhor as dificuldades e aproveitar muito mais as alegrias. Quando preparo uma sessão ou uma palestra para uma empresa, frequentemente me dão uma lista de competências necessárias para o cargo dos espectadores. Quando me dão a lista, sempre procuro o senso de humor. Nunca faz parte da lista. Sempre aparecem os mesmos: orientação para resultados, comunicação, trabalho em equipe, flexibilidade... Talvez o senso de humor não seja uma competência de fato, mas creio que deveria ser.

Atualmente, parece que, se você ri e se diverte, não está trabalhando nem fazendo nada sério. Quando veem alguém sorrindo, muitas pessoas pensam que se trata de um preguiçoso. Quando veem alguém sério, com a cara fechada, consideram que essa pessoa é profissional e que está concentrada no que faz.

Creio que as pessoas que fazem que os outros riam têm um grande mérito, ainda mais nos dias de hoje. Tive a sorte de, em alguma convenção de empresa, ter sido apresentado por Leo Harlem, o magnífico comediante espanhol. Acho um trabalho fantástico, e ele manda muito bem. Tem um dom. Algumas pessoas têm dom; outras não têm. Se você não tem, pode desenvolver ou se juntar com pessoas que tenham. Procure ocasiões para rir. Alugue ou veja uma comédia; são duas horas de alegria garantida. Na televisão autonômica da Catalunha, existe um programa incrível que se chama "APM?". Trata-se de um programa que os meus alunos são obrigados a ver porque, na prova, faço perguntas sobre o que acontecesse nele. Deveria ser obrigatório para todos. Um programa que proporcione meia hora de risadas é uma coisa magnífica que deveríamos aproveitar. E gratuito. A pessoa chega em casa irritada, com preocupações, e vê esse programa; automaticamente, começa a ver a vida de outro modo, e aquela pequena irritação já passou. Junte-se com pessoas que façam você rir, não com estraga-prazeres, porque os estados de ânimos contagiam. A girafa anda com girafas, os porcos com porcos, os bobos com bobos, os estraga-prazeres com estraga-prazeres, e as pessoas alegres e entusiastas com pessoas alegres e entusiastas. No final, acabamos nos parecendo com as pessoas com as quais andamos e atraímos aquelas que estão em consonância com a nossa maneira de ser.

Algumas pessoas, enquanto dirigem, têm o costume de escutar notícias de macroeconomia e as previsões futuras do país, pois o problema e a responsabilidade são delas; não me estranha que sejam sérias. Em outros carros, as pessoas cantam e batem palma escutando Camela ou dão risada com as piadas do Eugenio ou do Gila, ambos comediantes. Cada pessoa decide o que escuta obviamente, mas é difícil rir e manter a alegria se a pessoa está constantemente escutando notícias ruins. Não quero dizer que devemos nos esquecer totalmente da realidade ou abaixar a cabeça e fingir que não está acontecendo nada; claro que não, mas também não é necessário ficar ruminando dramas e notícias ruins; precisamos procurar espaços para recarregar o estado de ânimo.

17 MÁXIMAS E AFORISMOS

Sempre gostei de frases, aforismos, provérbios e ditados. Na minha opinião, eles conseguem fazer algo fantástico: sintetizam um monte de sabedoria em poucas palavras que tocam o coração, nos fazem pensar, e, além de tudo, muitas vezes rir.

Estes são os meus favoritos: já mencionei muitas dessas citações em outras partes deste livro; de algumas, sei quem são os autores; de outras não; por isso, não menciono a autoria.

"Volte o seu rosto sempre em direção ao sol,
e a sombra ficará para trás."
PROVÉRBIO PERSA

"O riso é a menor distância entre duas pessoas."
VICTOR BORGE

"É melhor ser rei do seu silêncio do
que escravo das suas palavras."
WILLIAM SHAKESPEARE

"A paciência é amarga, mas seus frutos são doces."
KANT

"A nossa maior glória não está em jamais cair, mas em nos levantar cada vez que caímos."
CONFÚCIO

"Quem não vive para servir não serve para viver."
TAGORE

"Dois caminhos divergiam em um bosque, e tomei o menos usado. Isso fez toda a diferença."
ROBERT FROST

"Seja amável sempre que tenha a possibilidade; se olhar bem, sempre é possível."
DALAI LAMA

"No final da vida, seremos julgados pelo amor."
MADRE TERESA DE CALCUTÁ

"Como é a sua vida profissional? Plena ou plana?"
BRIAN TRACY

"O segredo da vida consiste simplesmente em aceitá-la tal como ela é."
SÃO JOÃO DA CRUZ

"Nunca é tarde para ser aquilo que desejou ser."
GEORGE ELIOT

"Quando caminhar, caminhe. Quando comer, coma."
PROVÉRBIO ZEN

"Quem planta melões colhe melões.
O que planta favas colhe favas."
PROVÉRBIO CHINÊS

"O sorriso custa menos que a
eletricidade e dá muito mais luz."
PROVÉRBIO ESCOCÊS

"Não lhe dou tudo, mas lhe dou tudo
o que tenho."
JORDI NADAL

"Devemos ser a mudança que
queremos ver no mundo."
GANDHI

"A pessoa que não tem um coração compassivo
padece do pior problema cardíaco."
BOB HOPE

"Existem muitos tipos de conhecimento, mas existe
um mais importante que os demais;
o conhecimento de saber como viver; e esse
conhecimento, quase sempre, é menosprezado."
TOSLTÓI

"Se você não pode elogiar, cale a boca."
SAN JOSÉ MARÍA ESCRIVÁ DE BALAGUER

"Você só vive uma vez, mas, se fizer
tudo direito, uma vez é suficiente."
WOODY ALLEN

"É melhor calar-se e deixar que as
pessoas pensem que você é um idiota
do que falar e acabar com a dúvida."
GROUCHO MARX

"Não encha a sua vida de anos;
encha os anos de vida."

"As duas palavras mais bonitas
não são 'te amo', mas sim 'é benigno'."
WOODY ALLEN

"Somente durante a maré baixa
é possível saber quem nada nu."
WARREN BUFFET

"O segredo da felicidade não é fazer
sempre o que se quer,
mas querer sempre o que se faz."
TOSLTÓI

"É necessário saber florescer
onde Deus nos colocou."
ADELA KAMM

"Se puder ser uma estrela no céu,
seja uma estrela no céu!
Se não puder ser uma estrela no céu,
seja uma fogueira na montanha!
Se não puder ser uma fogueira na montanha,
seja a lâmpada na sua casa!"
L-ELLIOT

"Quem quer peixe deve molhar o traseiro."
"A má notícia é que o tempo voa;
a boa notícia é que você é o piloto."
MICHAEL ALTHSULER

"A única vida que tem sentido
é uma vida com sentido."

"Que adiantará ao homem ganhar
o mundo inteiro e perder sua alma?"
MATEUS 16.26

"Sonhar é ótimo, mas realizar é muito melhor."

"O seu problema é que você não sabe
que o seu tempo é limitado."
BUDA

"Os anos enrugam a pele, mas renunciar ao
entusiasmo enruga a alma."
ALBERT SCHWEITZER

"Se você quer ser feliz por
uma hora, faça uma sesta;
se quer ser feliz por um dia, vá pescar;
se quiser ser feliz durante um mês, case;
se quer ser feliz durante um ano,
receba uma herança;
se quer ser feliz por toda a vida, ajude alguém."
THOMAS CARLYLE

Quem quer fazer algo encontra um meio;
quem não quer fazer nada arranja uma desculpa."
PROVÉRBIO ÁRABE

"Muitas pessoas têm mil razões para
não fazer algo, quando o único
que precisam é de uma razão para fazê-lo."

"Os obstáculos são aquelas coisas
assustadoras que você vê
quando desvia os olhos da sua meta."
HENRY FORD

"Não se levante de manhã
esperando que seja um bom dia;
levante-se sabendo que depende
de você que seja um bom dia."

"A minha felicidade consiste no fato
de que sei apreciar o que tenho e de que
não desejo com excesso o que não tenho."
TOLSTÓI

"Depois que a minha casa pegou fogo,
pude ver a lua com mais clareza."
PROVÉRBIO ZEN

"Quem não sabe sorrir não deve abrir uma loja."
PROVÉRBIO CHINÊS

"Temos que merecer o respeito
dos que nos veem todos os dias."
JORDI NADAL

"Se você for capaz de encontrar
o sentido pessoal sem o aplauso do mundo,
então você é livre."

"Plante um pensamento e colherá uma ação;
colha uma ação e plantará um hábito;
plante um hábito e colherá um caráter;
plante um caráter e colherá um destino."
EPITETO

"Ser valente não é não ter medo,
mas enfrentá-los."
MARK TWAIN

"Meu filho, a felicidade consiste
em coisas pequenas: um pequeno iate,
uma pequena mansão, uma pequena fortuna."
GROUCHO MARX

"Nunca tente ensinar um porco a cantar;
perderá o seu tempo e aborrecerá o porco."
GROUCHO MARX

"Não é o que acontece com você;
é o que você faz com o que lhe acontece."
ALDOUS HUXLEY

"Na vida só há um modo de ser feliz:
viver para os outros."
TOSTÓI

"Enquanto está vivo, irmão, vivo;
não quando já morreu."
SANTO AGOSTINHO

"A vida é aquilo que acontece enquanto
estamos ocupados fazendo planos."
JOHN LENNON

"É essencial dedicar meia hora do dia para a
meditação, exceto quando estamos muito ocupados;
nesse caso, precisamos
de uma hora inteira."
SÃO FRANCISCO DE SALES

"Se você não faz o que gosta,
procure gostar do que faz."

Esta, sem dúvida, é minha favorita.
Está escrita há muitos anos na minha agenda:
"Não devemos permitir que alguém
saia da nossa presença sem que ela se sinta
um pouco melhor e mais feliz."
MADRE TERESA DE CALCUTÁ

18 ESCREVA CARTAS

Esta é uma ideia que Jordi Nadal me ensinou; ele adora escrever cartas para as pessoas que aprecia, especialmente para seus filhos. São cartas muito especiais, porque são dele. Achei uma ideia fantástica. E também comecei a fazer isso.

Posteriormente, em um livro de Martin Seligmam, o principal pesquisador e impulsor da Psicologia Positiva, li que um dos exercícios que ele mais recomenda era escrever uma carta a cada pessoa que você ama muito, e ler a carta para essa pessoa.

Parece um exercício simples e complicado ao mesmo tempo. Já fiz isso com os meus filhos. Falo muito com eles, mas agora também lhes envio cartas. As cartas permitem uma forma diferente de se expressar. Quando escrevemos, pensamos melhor. Além disso, quando escrevemos e estamos sozinhos, somos capazes de nos conectar com os nossos sentimentos mais profundos e expressá-los de uma maneira mais corajosa, mais clara. Algo que talvez pessoalmente teríamos vergonha de dizer se torna mais fácil e simples quando escrevemos, porque perdemos o medo. Quando já está escrito, já está feito, é melhor deixar como estiver e não apagar. O complicado vem depois, quando precisamos ler, mas já está feito, não tem volta. É uma forma simples e fantástica de demonstrar às pessoas quanto as amamos. Além disso, como fica tudo registrado por escrito, sempre é possível voltar a ler e reler.

Para mim, é um presente fantástico. Além de tudo, é um presente para os dois, para a pessoa que escreve e para a pessoa que recebe. Sim. Que presente! O melhor de tudo é que é original, ainda mais se foi escrito à mão.

19 VULTOS PELUDOS COM PÉS

Certa vez, vi algo que me deixou muito inquieto porque tive medo de me ver refletido nisso depois de dez anos. Eu me dirigia para a faculdade de moto e em um semáforo olhei para o carro ao lado. Um pai, com o filho à esquerda e com a filha no assento traseiro. Não tenho certeza, mas, no meu filme mental, imaginei que era um pai com os filhos adolescentes. Como bom fofoqueiro que sou, não fiquei observando só o superficial; o que me assustou foi descobrir que os dois filhos estavam com fones de ouvido! Os dois estavam escutando música nos fones! Que triste! Um pai que levava os filhos para o colégio e ambos escutando sua própria música. Três pessoas que supostamente se amam muito fechadas em três metros quadrados sem dirigir a palavra umas às outras, ignorando-se mutuamente. Que mundo estamos criando? Em que sociedade vivemos? Temos mais tecnologia e menos humanidade do que nunca. Eu também tenho dois filhos que, por enquanto, falam comigo e dão risada do que eu conto, mas o medo começou a me perseguir desde esse momento, porque eles também gostam de música!

Vivemos muito fechados no nosso próprio mundo, centrados nas nossas coisas, no nosso eu, eu, eu. Isso faz que tenhamos criado uma sociedade na qual tratamos as pessoas como "vultos peludos com pés". Eu não apenas acho isso, como também posso comprovar. Fiz vários experimentos que corroboram essa informação tão preocupante.

Experimento número um: Estou em uma reunião de trabalho em uma empresa multinacional alemã. *High level*. Existem 41 pessoas na sala. Então, pergunto: "Quem de vocês sabe como se chama a pessoa que está no balcão da recepção na entrada do prédio?". De todas as pessoas, 19 delas sabiam: 22 não tinham ideia; "Não sei, sei que existe um vulto, mas não tenho nem ideia de como se chama"; "a segurança". A pessoa que tem menos tempo nessa empresa trabalha lá há quatro anos. Não entendo; fiquei perplexo; quatros anos entrando e saindo, no mínimo quatro vezes pela porta do prédio, 44 se você fuma, e não sabe o nome da pessoa que trabalha na recepção? Um dia disse a Marga, que é o nome do vulto peludo com pés: "Marga, deixe-me sentar rapidinho na sua cadeira". Imagine o que é se sentir como alguém que vê constantemente pessoas passarem na sua frente, entrando e saindo do prédio, e não é que não cumprimentem ou não, é que nem sequer olham em sua direção! Como deve se sentir? Bom, um vulto peludo com pés. Quando alguma pessoa lhe diz "Bom dia" e a chama pelo nome, pode ser que ela caia da cadeira de susto! "Pode ir embora antes da sua hora, Marga — às vezes falo brincando —, ninguém vai perceber que você não está."

Experimento número 2: Peço aos meus alunos que façam uma pesquisa com três pessoas que estejam saindo de um táxi. Cinco perguntas simples. Primeira pergunta: Quem estava dirigindo era um homem ou uma mulher? Segunda: Tinha bigode ou não? (Essa pergunta — com a qual não concordo — não é discriminatória). Terceira: Usava óculos ou não? Quarta: Qual era a cor da roupa dessa pessoa? Última pergunta: Qual era o nome dela? As porcentagens das respostas certas eram alucinantes; nessa ordem, 99,6%, 21%, 16%, 18% e 0%. O resto das respostas foram "Não percebi" ou "Não sei". Incrível! A que mais me surpreendeu foi a primeira. A porcentagem de 99,6% das pessoas sabe se era um homem ou uma mulher? E o restante? Os 0,4%? Como é possível? Duas pessoas não sabiam se quem dirigia era um homem ou uma mulher? Fui olhar rapidamente os questionários: as respostas de um deles foi que era "ambíguo". Bom, pode ser, mas o outro respondeu: "Desculpe, eu estava pendurado no telefone com um problemão, juraria que era um homem, porque a maioria dos taxistas são homens, mas, nesse exato momento, não ponho a mão no fogo". Nossa. Se você perguntar a várias pessoas, quando saírem de um táxi, não uma semana depois, não, não, assim que saem do táxi. "Com licença, quem estava dirigindo era um homem ou uma mulher?" "Diria que um homem" "Com bigode ou sem bigode?" "Vixe, não sei dizer." "Com óculos ou sem óculos?" "Também não prestei atenção nisso." "Qual era a cor da roupa?" "Hum, também não sei." "Como se chamava?" "Não tenho a mínima ideia" (e isso porque colocam o nome dos taxistas em um local de fácil visualização do passageiro). Conclusão: "Tinha alguém no táxi? Alguém estava dirigindo ou não?". "Sim, sim, tinha um vulto peludo com pés, braços e orelhas."

Experimento número 3: Digo ao meu filho pequeno: "Filho, vamos à loja El Corte Inglés". "Legal, pai. Vamos comprar ou fazer experimentos?" "Fazer experimentos, obviamente"; claro, caso contrário não iria comigo. O bom dessa loja é que lá podemos fazer vários tipos de experimentos sociais porque é possível encontrar todos os tipos de clientes, a fauna completa. "Pai, o que eu preciso levar?", pergunta o meu filho. "Um caderninho e uma caneta são suficientes." "Que experimento chato esse que vamos fazer. Não é mesmo, pai?" Já fomos fazer experimentos com adesivos, cordas e outros materiais. "Não, não, filho, será interessante; vamos aprender alguma coisa." Quando chegamos, expliquei a ele em que consiste a experiência. "Olha, filho, você e eu vamos entrar no elevador, não falaremos nada a ninguém e observaremos; todas as vezes que alguém sair e entrar do elevador e nos cumprimentar, anotamos um pauzinho à direita. Se não nos cumprimentar, colocaremos um pauzinho à esquerda." "Beleza, pai, já entendi." Passamos aproximadamente 20 minutos no elevador, subindo e descendo. Durante esse tempo, passaram 31 pessoas pelo elevador. Nove pessoas nos cumprimentaram. "Bom dia", "Olá, tudo bem?" etc."; 4 pessoas fizeram um gesto com a cabeça ou com a mão (o meu filho me olhava e perguntava falando baixinho: "Pai, estes contam?"); 18 nos confundiram com a decoração do elevador. Dezoito! Foram 18 pessoas capazes de entrar no elevador, apertar o botão, subir e descer conosco, e, quando a porta abriu, saíram sem dizer absolutamente nada. In-crí-vel. Como isso é possível? Deveria ter dito: "Ei, desculpe, você está vendo que estamos aqui?". Com certeza, diriam: "Ah, sim, desculpe! Havia dois vultos, um maior e outro menor, um mais peludo e outro menos peludo".

Experimento número 4: Entro em um ônibus e conto o número de pessoas: 32. Delas, só existem duas que conversam;

o resto se ignoram. Alguém sobe em um ponto, nem olha para o motorista, se senta e não é capaz de dizer "Boa tarde" à pessoa que está sentada à sua direita, ou seja, a pessoa na qual encosta calça com calça (que rapidamente afasta a perna e faz um gesto como se estivesse limpando a própria calça). Um extraterrestre observaria 32 humanos fechados em uma caixa que não dirigem uma palavra sequer entre si. Conclusão: o motorista do ônibus é um vulto peludo com pés que dirige, as pessoas do ônibus são vultos peludos com pés dos quais os outros vultos peludos com pés se esquivam quando se sentam um ao lado do outro.

Experimento número 5: Saio de casa na moto com o meu filho mais velho e cumprimento uma vizinha que passa perto de nós. Com uma certa sensação de ridículo, fico com a mão levantada sem receber nenhuma resposta dela, mas sim do meu filho: "Somos trouxas, deveríamos parar de cumprimentar". Conclusão: a vizinha tinha visto o vulto com pés, um mais peludo que o outro, em cima de uma moto.

Penúltimo experimento: Chego cedo para uma reunião e decido esperar na recepção do escritório do meu cliente. Bastante movimento de pessoas. Fico próximo à porta, onde, com certeza, produzirá um contato visual com as pessoas que entram e saem, e decido não cumprimentar ninguém sem que antes eles me cumprimentem. Contei 27 pessoas. Mentalmente tenho a estatística: 7 "Bom dia", "Olá", "Oi" etc.; 20 pessoas me ignoraram. Sensação de vulto.

Último experimento: Em um sábado, entro no ônibus que faz o trajeto entre Ordino e Andorra-a-Velha. Somos 8 pessoas no ônibus, no final do trajeto, que dura 12 minutos; conversei com 5 dessas 8 pessoas. Alguma coisa acontece nas pequenas cidades para que não nos tratemos como vultos.

Uma observação que poderia ser objeto de outro experimento: em Ordino, lugar onde passo quase todos os finais de semana e que é o meu paraíso particular, a distância entre a minha casa e a igreja é de 3 minutos e 14 segundos. Entretanto, temos que sair uma hora antes se queremos ir à missa, porque, durante o curto percurso, encontramos pessoas que sabem o nosso nome, onde moramos, que torcemos para o Barça, que puxam assunto e que gostam de conversar com outros seres humanos. Em Barcelona, a igreja está a 3 minutos e 20 segundos da nossa casa, no trajeto cruzamos com 300 pessoas, mas sabemos que, se sairmos 3 minutos e 30 segundos antes de começar a missa, chegaremos com tempo de sobra!

Conclusão: os povoados bem pequenos são o último reduto em meio a um mundo cada vez mais desumano, no qual o porteiro da casa é um vulto que nos entrega cartas, o garçom é um vulto que nos serve o café, o vizinho é um vulto que ajuda a pagar os gastos do condomínio, o jornaleiro é um vulto que nos entrega o jornal, e a senhorita que está no supermercado é um vulto que distribui sacolas de plástico.

Pense friamente. Melhor ainda, faça o teste. Sente-se um dia em um ônibus, em um metrô ou trem, a três centímetros de outro ser humano e o cumprimente com "Bom dia" ou "Boa tarde". Você verá como essa pessoa de repente segurará a própria bolsa com mais força. Você irá assustá-la! O mais normal e comum é sentar-se ao lado de outro ser humano sem nem sequer cumprimentá-lo. Assim é a nossa magnífica sociedade.

Entretanto, sejamos práticos. Nenhum de nós vamos conseguir mudar a sociedade na qual vivemos. Certa vez, discuti com os meus alunos o objetivo da ONU em acabar com a fome do mundo em 2015. Alguém reclamava do valor que alguns países gastam com armas, outro que o valor de 0,7 do PIB não estava sendo designado para esse fim etc. Em algum momento do debate, como percebi que eles estavam muito preocupados com o assunto, perguntei: "Ao ver que vocês estão bastante preocupados com a fome no mundo, gostaria de saber quem de vocês doou uma sacola com alimentos ao Banco de Alimentos de Barcelona?". A surpresa foi enorme ao comprovar que nenhuma das quase 80 pessoas levantou a mão. A conclusão era esmagadora! Adoramos consertar o mundo, propor ideias para que outras pessoas realizem, reclamar das pessoas que fazem e das que não fazem, mas, no final das contas, a única coisa que conta é o que cada um de nós pode fazer modestamente para ajudar.

Os discursos pomposos são bonitos, mas pouco eficazes. Nós controlamos somente os 2 m^2. que estão ao nosso redor, o que dizemos, o que fazemos, isso, sim, depende de nós; podemos influenciar o nosso próprio espaço, mas não o que fazem as outras pessoas. Por coerência, deveríamos ter certeza do que fazemos nos nossos 2 m^2, porque esse espaço depende de nós e do que fazemos em concordância com o que acreditamos que é correto. Como dizia Madre Teresa de Calcutá, "Se cada um varresse a calçada que tem em frente de sua própria casa, a rua inteira estaria limpa".

A única vida que tem sentido é uma vida com sentido, e a vida adquire sentido quando focamos em ajudar os demais. Estamos programados desse modo, queiramos ou não. Por isso, por mais que, muitas vezes, reclamemos de como somos desumanos, de como o mundo se transformou, podemos decidir como tratamos os vultos peludos com os quais interagimos; podemos controlar os nossos 2 m². O que acontece no nosso espaço só depende de nós mesmos; isso, sim, depende de nós, somente de nós. Os nossos 2 m² serão o mundo que queremos que seja. Aí não existem desculpas. Decida viver como se fosse a pessoa mais gentil do mundo, trate os outros como gostaria de ser tratado e você verá o que acontece. Quando você é muito gentil com os outros, paradoxalmente quem vai se sentir melhor é você mesmo. Além de proporcionar um momento mais agradável para a outra pessoa, você também se sentirá melhor! Que beleza!

Tente. Quando sair na rua, a primeira senhora que você avistar, "pá", para o chão! Jogue-a no chão. Não se preocupe, pense que é um experimento social. Se você fizer isso, como se sentiria depois de jogar a velhinha no chão? Não existe nenhum ser humano, nenhum (exceto que tenha alguma patologia) que se sentirá bem jogando uma senhora no chão; não existe esse tipo de pessoa. Farão o que for, mas, no fundo, se sentirão mal, porque nós, seres humanos, estamos projetados desse jeito. Quando faz um favor a alguém, você se sente maravilhoso, fantástico; quando ajuda a sua vizinha a levar as sacolas ou abre a porta para ela, quem vai se sentir melhor nessa situação é você. Quando acontece o contrário, quando você faz mal a alguém, no fundo você se sente péssimo.

O melhor combustível é a paixão pela vida e o amor pelo próximo, um desejo incontrolável de ajudar o próximo. A bondade é a virtude que mais admiro nos outros; se eu pudesse comprar uma, seria esta. O bem-estar dos outros e o seu próprio bem-estar estão inevitavelmente unidos; quanto mais você contribuir para a felicidade dos outros, para que eles se sintam bem, melhorar o bem-estar deles, mais você se sentirá feliz. É um ciclo, porque quanto mais feliz você se sentir, mais você vai querer ajudar os outros e mais vontade terá que eles sejam felizes. Existem muitas formas de meditar, mas existe uma da qual eu gosto muito, que é a meditação sobre a bondade; consiste em meditar, em pensar como você pode ser mais bondoso com os demais, em relembrar situações nas quais tratou outra pessoa bem ou situações nas quais você fez tudo bem, em pensar nas coisas boas que os outros têm e assim se tornar um pouco mais tolerante e empático. Esse tipo de meditação, se fizer de vez em quando, ajudará você a ser mais gentil, bondoso e prestativo ao lidar com as pessoas no seu dia a dia.

Uma palavra amável, um elogio, um beijo, um abraço podem, em apenas um segundo, superar uma dor incrustada por semanas, meses ou anos. O sentimento do amor, da estima e do reconhecimento é forte assim.

Leopoldo Abadía tem frases e expressões excelentes. Em um dos livros dele, li que, se não cuidamos dos pequenos detalhes, transformamos esta vida em uma coisa áspera e desagradável. Os detalhes são detalhes. "Quando vejo um marido que caminha três metros na frente de sua mulher, fico decepcionado. Quando escuto uma senhora criticar o marido, não fico decepcionado, porque já tinha ficado anteriormente."

Decida ser gentil com as pessoas, porque, além disso, é a melhor maneira de ser alegre e entusiasta. Alguém disse que "amar as pessoas que amo é a maneira de ser a pessoa que deveria ser". Madre Teresa de Calcutá tem outra frase que eu acho incrível, que já mencionei: "Não devemos permitir que alguém saia da nossa presença sem que ela se sinta um pouco melhor e mais feliz". Não é verdade que, se essa frase pudesse ser aplicável a você, você seria uma pessoa impressionante? O melhor de tudo é que para que essa frase seja aplicada só depende de você; se você quiser, está em suas mãos. Se você puder aplicar essa frase, você será uma pessoa grande, já terá vencido na vida. Não sei se você terá muitos carros, casas ou barcos, mas, com certeza, deixará esta vida pela porta da frente.

Decida ser gentil, decida ser agradável, decida ser educado. Existem duas expressões que, em pouco tempo, terão que sair do dicionário por falta de uso: "Por favor" e "Obrigado". Obrigado por quê? Por favor? Chegará um dia em que os nossos netos vão nos perguntar: "Vô, o que significa "por favor?" E teremos que explicar que "são duas palavras utilizadas no início do século e no final do século anterior, para pedir algo de maneira educada".

A melhor maneira de aumentar a sua autoestima, a sua alegria, o seu bem-estar emocional é ajudando o próximo, fazer algo a outra pessoa. A recompensa emocional de fazer alguma coisa para os outros provém da mesma ação de dar. Dizem que na vida, como também no boxe, é melhor dar do que receber. Todos os seres humanos somos essencialmente iguais, estamos projetados com os mesmos parâmetros; por nossa forma natural de ser, existem poucas coisas que nos proporcionem tanta satisfação como ser gentil com o próximo, ajudar outra pessoa, dividir alguma coisa, sentir que contribuiu para que outras pessoas sejam mais felizes. Este é o grande segredo da vida; existem pessoas que já descobriram; outras, porém, continuando sofrendo porque continuam procurando.

Decida adotar, com todas as pessoas que entrem em contato com você, alguma das seguintes virtudes dos relacionamentos humanos. E decida agora. A partir de agora:

- Sorrir.
- Dizer palavras amáveis.
- Escutar.
- Ser tolerante.
- Ser paciente.
- Tratar as pessoas pelo nome.
- Ser humilde.
- Aprender a perdoar.
- Pedir perdão.
- Agradecer.
- Ver o lado bom que todas as pessoas têm.
- Descobrir seus gostos e tentar satisfazê-los.
- Não criticar.
- Fazer que as pessoas se sintam importantes.
- Orar por elas.
- Fazer favores.
- Fazer surpresas agradáveis.
- Elogiar as coisas positivas das pessoas.
- Não discutir.
- Não impor o seu ponto de vista nem ser arrogante.
- Ser compassivo.
- Cumprimentá-las no dia do aniversário.
- Não perder a paciência.
- Aguentar com alegria as pessoas que achamos mais chatas.
- Ser justos e honestos.
- Tratar bem todas as pessoas, tanto as pessoas que consideramos mais importantes quanto as que consideramos menos importantes.
- Tentar fazer a vida do próximo mais agradável.
- Não guardar o pior de nós mesmos para as pessoas que mais amamos.

Dessa forma, se cada pessoa decide ser mais gentil dentro de seus 2 m², talvez uma quantidade razoável de pessoas mude centos de metros quadrados. Como explica Borja Vilaseca, muitas pessoas estão vivendo uma época de escassez, no limiar da pobreza de carinho, respeito e afeto. É verdade que estamos neste mundo para ajudar uns aos outros, para fazer que a vida seja mais agradável de forma mútua. Algumas pessoas têm a sorte de ter trabalho, de estar saudáveis, de ter amizades que as apreciam, de ter pessoas queridas por perto e que as ajudem em momentos de adversidades. Entretanto, neste mundo tão injusto que todos criamos, existem muitas pessoas que não têm amigos, nem familiares, nem pessoas queridas que cuidem delas, ou aquelas que não têm trabalho e estão vivendo verdadeiros dramas; outras precisam dormir na rua, outras não possuem nenhum tipo de comodidade nem luxo, e o mais triste é que a grande maioria delas não merece viver nessas condições.

Deve ser muito difícil sofrer por não ter com que alimentar os filhos, levantar todas as manhãs sem saber onde comer ou onde dormir, saber que não tem trabalho e que dificilmente o terá algum dia, saber que está abandonado, sentir que não tem nenhum ser humano neste mundo que se importa. As pessoas que não estão nessa situação não podem ser indiferentes diante de tanta dor, apesar de nos acostumarmos com essa situação a cada dia que passa. Não podemos nos acostumar. Todos temos o dever de ajudar dentro das nossas possibilidades, isso sim entra dentro dos nossos 2 m². Se queremos um mundo melhor, o que de fato queremos, devemos começar por nós mesmos. Ajudar as pessoas que mais precisam é o melhor que um ser humano pode fazer pelo outro. Por justiça. Por amor.

20 CARLOS, O *MAÎTRE*

Também existem pessoas entusiastas no ambiente profissional. Existem pessoas que trabalham com alegria e existem muitos estraga-prazeres trabalhando; existem pessoas que deixam sua marca e outras que deveriam receber a marca de outros. É fantástico encontrar pessoas que transmitam paixão e entusiasmo, que cativam. O restaurante do Clube de Tênis de Barcelona tem um *maître* que é assim.

Carlos é esse tipo de pessoa que faz a gente se sentir melhor, que desperta o melhor dentro de cada um de nós e faz que sejamos melhores pessoas; é dessas pessoas que o pessoal de *marketing* valoriza muito porque fidelizam os clientes, pessoas cada vez mais escassas.

Martin Luther King tem muitas frases excelentes, entre elas: "Se alguém varre as ruas para viver, deve varrê-la como Michelangelo pintava, ou como Beethoven compunha, ou como Shakespeare escrevia. Deveria varrer as ruas tão bem que todos os habitantes do céu e da terra parassem para dizer: Aqui viveu uma pessoa que fez seu trabalho extraordinariamente bem".

Jim Rohn disse: "Não é questão de fazer coisas extraordinárias, a questão é fazer extraordinariamente bem as coisas ordinárias". O trabalho nos oferece uma plataforma para crescer todos os dias. Os profissionais que são "extraterrestres" sempre estão se perguntando: "O que faria o melhor profissional do planeta no meu lugar?". O trabalho é uma oportunidade fantástica para aproveitar todo o potencial que temos dentro de nós como pessoas, uma oportunidade enorme para influenciar os outros, uma ocasião perfeita para ajudar outras pessoas, para fazer que elas sejam mais felizes durante pelo menos uns instantes. Todo mundo tem dentro de si mesmo um gênio, um gigante, mas, às vezes, está dormindo ou foi adormecido.

O que têm os profissionais como Carlos? O que eles têm de tão fantásticos que conseguem apaixonar o cliente? Creio que algumas das virtudes são estas:

1. Gostam do seu trabalho, gostam do que fazem e, caso contrário, aprendem a gostar. É possível aplicar a frase de Tolstói: "Se você não faz o que gosta, procure gostar do que faz". O Carlos, com certeza, gosta do trabalho que tem e transmite isso. Certamente, como todos, poderia encontrar aspectos negativos em seu trabalho, mas ele os aceita e se concentra de maneira exagerada nos pontos positivos.
2. Apresentam concentração e compromisso com a excelência; na psicologia, usa-se uma palavra para descrever aquelas situações nas quais usamos os cinco sentidos: fluir. Quando fluímos, estamos aproveitando, e o tempo passa voando. Se o Carlos fosse o responsável por colocar grampos no grampeador, ele não seria a pessoa que pensa coisas como: "Porque eu tenho que colocar os grampos, e não outra pessoa?", "Que trabalho irrelevante!", "Por que o fulano nunca coloca os grampos", "Porque não compram um grampeador novo

e melhor?" etc. O Carlos se concentraria em ser o melhor "profissional colocador de grampos" do planeta; ele os colocaria de forma impecável e, além de tudo, trabalharia feliz. As pessoas grandes têm o compromisso de ser o melhor que podem ser e de fazer as coisas da melhor maneira possível; não são medíocres, não fazem o trabalho de qualquer jeito e não se sentem rebaixadas por fazer determinadas tarefas. Já vi o Carlos atendendo o presidente do clube com o mesmo entusiasmo com que arruma os guardanapos.

3. Acreditam que o trabalho deles ajuda os demais; não existe trabalho mais gratificante do que ajudar o próximo. Além disso, todos os trabalhos, todos, sem exceção, podem ser feitos com esse ponto de vista. Carlos não serve mesas nem organiza os garçons; ele está convencido de que faz felizes os clientes aos quais serve.

4. Tratam cada pessoa como se fosse a pessoa mais importante do planeta e a faz se sentir dessa maneira. Carlos é um exemplo daquela recomendação tão extraordinária que já vimos da Madre Teresa de Calcutá: "Não devemos permitir que alguém saia da nossa presença sem que ela se sinta um pouco melhor e mais feliz". Ele pode ter muito trabalho, correr como um louco, mas, quando está com você, é como se o mundo parasse e só existisse você, pergunta e se interessa, trata todas as pessoas pelo nome, sempre tem uma palavra amiga, conhece os gostos de todos os clientes. Quando você se senta à mesa, não precisa pedir bebida: ela já está servida, porque ele conhece perfeitamente todos os seus gostos.

5. São entusiastas, alegres, otimistas, transmitem e contagiam energia positiva. Nunca vi o Carlos

nervoso, nunca. Sempre está alegre e sorridente. Tem um senso de humor extraordinário, e esta é uma virtude pouco valorizada. Apesar de que, com certeza, tenha suas preocupações, nunca as transmite; não me lembro de uma única reclamação. Pelo contrário, ao que parece, sua missão na vida é alegrar a vida dos demais.

6. São bons companheiros. Carlos tem um relacionamento fantástico com seus garçons; eles o adoram. É exigente quando tem que ser, é o primeiro em ajudar e arregaça as mangas quando necessário, sempre atento a suas necessidades ou como pode facilitar o trabalho deles. Nunca fica nervoso em um trabalho que por si próprio já é estressante. Lembro de uma vez em que o balcão de lanches estava cheio de clientes à espera, e ele corria de um lado para outro; justamente nesse momento, uma garçonete perdeu o controle e derrubou uma *tortilla*, que caiu de uma maneira bem barulhenta. Em vez de gritar, olhar de maneira intimidadora ou franzir o cenho, ele fez um comentário divertido que fez todos nós darmos risada.

7. Têm um equilíbrio entre a vida pessoal e a profissional; não vivem para trabalhar, porque sabem que na vida existem outras coisas importantes que não devem deixar de lado. Carlos sempre explica quão importantes são seus filhos, apesar de já serem grandes, o costume antigo que tem de jantar com eles todos os sábados, fala sempre com adoração de seu pai e do amor que sente por sua mulher.

Para mim, estes são os fatores que, no atendimento a clientes, diferenciam os craques dos medíocres. Se o Carlos não torcesse para o Real Madrid, ele seria perfeito.

21 | APRENDA A ESCUTAR, BABACA!

Se agora, de repente, eu dissesse que vou descrever um método infalível para detectar todos os veículos camuflados da polícia que têm um radar móvel, certamente você se ajeitaria, ficaria mais atento e até consideraria a possibilidade de destacar o texto seguinte ou fazer anotações. Por quê? Porque a nossa atenção se multiplica quando alguma coisa nos interessa. Escutamos com mais atenção o que nos interessa mais; se alguma coisa nos interessa muito, escutamos muito; se alguma coisa nos interessa menos, escutamos menos; se não damos a mínima para algo, não escutamos nada de nada. Isso acontece quando ligamos a televisão e deixamos como som de fundo; de repente, começam os esportes, e dizemos: "Psiu! Aumenta o volume".

Nos relacionamentos humanos, existem dois indicadores para saber se um relacionamento funciona bem ou não; duas pistas. Primeira: se vocês riem juntos. Rir não significa que quando alguém conta uma piada você "rache o bico"; não, não; refiro-me a um ambiente agradável, a um clima descontraído no qual os risos estejam sempre presentes.

Bernard Shaw dizia que o riso é a distância mais curta entre duas pessoas. Segunda: escutar um ao outro. Quando você escuta alguém, é porque esse "alguém" é importante para você. Existem todos os tipos de relacionamentos, desde o "Sim, sim, amorzinho, fala que me interessa bastante" até os "Não me enche..., porque eu também não faço isso". Relacionamentos diferentes.

Não escuto você porque isso me interessa; escuto porque você me interessa. Todos gostamos de ser escutados; quando alguém nos escuta, quer dizer que se interessa pelo que estamos explicando. Como consequência, nos sentimos interessantes, nos sentimos importantes. Todos temos autoestima e todos gostamos de ter a autoestima alta. Quando alguém nos escuta, a nossa autoestima sobe, quando alguém nos bloqueia, nos interrompe, termina a nossa frase ou simplesmente nos ignora, a nossa autoestima baixa. Todos os seres humanos temos uma necessidade básica de nos sentirmos apreciados, de nos sentirmos aceitos, de nos sentirmos queridos, porque esta é uma necessidade de todos nós. Por isso, adoramos as pessoas que nos escutam, que prestam atenção em nós, que nos fazem sentir ótimos. Mas não gostamos das pessoas que constantemente nos interrompem para explicar as histórias delas, aquelas que, um dia, perguntam a você: "Oi, como foi o seu final de semana?", e você tenta explicar: "Bem, fomos para montanha, porque..." e, de repente, interrompem você e começam a explicar a história deles: "Que legal! Nós também fomos para as montanhas com as crianças, blá-blá-blá...".

Escutar exige esforço, exige generosidade, exige esquecer-se das suas coisas e focar na outra pessoa, exige prestar atenção na outra pessoa e se esquecer de você mesmo. São Francisco de Assis era um craque, e no ano 1200 já nos dizia qual era o segredo para escutar bem: "Primeiro, tente entender; depois, ser entendido".

Por isso é tão difícil, e por isso valorizamos tanto. Para escutar bem, temos que escutar com o corpo, com os cinco sentidos; não somente com as orelhas. Quantas vezes já não nos disseram: "Você, por acaso, está me escutando?", porque temos a sensação de que estão prestando mais atenção na televisão, no jornal ou no telefone. Quantas vezes estamos falando com alguém e percebemos que essa pessoa está prestando mais atenção em outras coisas do que em nós. Quantas vezes a outra pessoa está escrevendo no computador e não para nem mesmo para olhar quando você está falando ou, então, está vendo o jogo sem prestar atenção no que você gostaria. Quantas vezes começamos a frase, dizendo: "Desculpe por interromper" quando queremos que nos escutem, porque já consideramos que somos um incômodo. Amamos as pessoas que, quando nos querem dizer algo, deixam tudo o que estavam fazendo, mudam até a postura e focalizam apenas em nós, fazendo-nos sentir o mais importante que existe naquele momento.

Escutar também permite o desabafo. Muitas pessoas apenas querem que escutemos seus desabafos; esta é outra necessidade que os humanos têm. Quantas vezes precisamos falar com o nosso melhor amigo ou com a nossa melhor amiga. Despejamos no outro sem parar durante 27 minutos e depois nos sentimos tão bem! Não importa se ele deu algum conselho ou não, porque não é o que precisávamos; o importante é que fui escutado, que desabafei, que tirei tudo o que estava dentro de mim. Que satisfação! Esta é a principal ajuda que oferecem os psicólogos ou algumas ONGs como o "Teléfono de la Esperanza". Há algum tempo, faço parte do conselho da fundação que gerencia essa ONG e continuo surpreso com tantas pessoas que ligam para falar com um desconhecido, que, além de tudo, não pode aconselhar nem assessorar (são voluntários que escutam, não são terapeutas nem psicólogos; somente precisam escutar, sem julgar nem opinar).

Isso é o que muitas pessoas precisam nos dias de hoje; ser escutadas, sentir-se queridas. Em uma sociedade individualista, cômoda e egoísta, na qual cada um vai por sua conta e não tem tempo para nada nem para ninguém, em um ambiente em que todo mundo corre, precisamos de pessoas que nos escutem e valorizamos mais do que nunca essas pessoas generosas que deixam de lado seus interesses para focar nos nossos.

Escutar também ajuda a eliminar preconceitos, a conhecer melhor as pessoas, a descobrir a parte mais positiva que todo mundo tem. "O contato próximo alimenta o afeto." Os que temos filhos já vivemos isso em algum momento: "Pai, não gosto desse menino". Depois de uns dias, você o encontra em casa: "Filho, por que esse menino está aqui?". "Papai, agora ele é o meu melhor amigo." Foram trocados de lugar, agora se sentam juntos e se tornaram muito amigos; assim são os relacionamentos humanos. Contudo, precisamos fazer como as crianças: ter a grandeza de perdoar, de não prejulgar, de não ser rancoroso, de escutar, de entender, de compreender, de ter empatia, ou seja, de ver a outra pessoa com o coração.

O problema, às vezes, é que existem pessoas que são enroladas, que falam muito e que acabam com a nossa paciência. Existe um estilo de falar que eu chamo de "estilo Oliver e Benji". Essas personagens eram protagonistas de uma série de desenhos animados sobre futebol que se chamava

Captain Tsubasa. Tinha as cenas mais lentas que já vi em toda a minha vida. Em outros filmes, se você levantar para pegar um copo de água, corre o risco de ter perdido a trama. Com "Oliver e Benji" você podia se levantar da poltrona, tomar banho, pegar a chave do carro, ir ao supermercado, colocar as compras no carro, ficar parado no trânsito, voltar para casa, colocar toda a comida na dispensa, sentar-se novamente para assistir, e a personagem estaria na mesma posição que você tinha visto pela última vez. Era desesperador, chutavam na segunda-feira e na sexta-feira ainda não tinham feito o gol; cada jogada podia ser vista de 127 posições diferentes. Para os impacientes, como eu, era um tremendo desafio, quase chegava a ser uma tortura. Bom, existem pessoas que falam com o "estilo Oliver e Benji": falam, falam, falam, se enrolam e nunca chegam ao ponto final. Este é um estilo muito próprio das pessoas que mais amamos, porque é o estilo próprio das pessoas mais velhas e das mais jovens, ou seja, de muitas das mães e de alguns dos nossos filhos. Todas as mães são "enroladas" — todas. Chegam a uma idade em que têm facilidade para gastar o verbo. Os pais não tanto, não sei por quê.

Quantas vezes você escutou a frase "Filho, você nunca tem um minuto para a sua mãe" e internamente você pensa: "Mãe, como não, se faz 14 minutos que a senhora não para de falar". Elas têm uma enorme facilidade para explicar as coisas, as histórias, os acontecimentos e, quando você acha que o assunto está acabando, "pá!", engancham com outro. Este também é um estilo próprio das crianças de 5 a 10 anos. Elas enlaçam os assuntos com "E sabe o que mais?". Essa fórmula simples permite falar por horas e horas, e, às vezes, acabam com a nossa paciência. Talvez você esteja lendo um livro apaixonante e, de repente, um desses seres vivos pode interromper você: "Papai, você gosta da casa que eu estou desenhando?"; você para de ler e responde algo rápido, como "Sim, sim, muito"; em seguida, volta a mergulhar na emocionante história do livro. "Pai, desenho uma árvore?", e você se desconecta do livro novamente para dizer "Sim, sim, é uma boa ideia". Você continua mergulhado no livro e, de repente, o seu filho interrompe novamente: "Pai, desenho uma árvore ou duas?". Você já começa a se desesperar. "Boa ideia, filho" — e tenta retomar a história do lugar onde tinha parado. "Sim, papai, mas uma árvore ou duas?" "Duas, filho, duas". Você continua lendo e, outra vez, escuta essa voz que diz: "Pinto de marrom ou de verde, pai?". E você responde: "Verde, verde, filho". Quando você se concentra novamente, a voz diz: "Mas, pai, no inverno a árvore é marrom". De repente, você percebe que está levantando a voz energicamente, dizendo: "Chega, filho, estou lendo. Desenhe o que você quiser". Justamente nesse momento, você se arrepende do que disse e do modo que disse. Mas já é tarde.

Quando passa por isso, como você o interpreta? Quando você vive essa situação "de dentro", interpreta como "Estou lendo um livro apaixonante, e chega um pirralho cabeçudo e chato que me tira do sério para me interromper". Olhando de fora, é um pouco diferente: "É o ser humano que você mais ama no planeta que está explicando ao seu ídolo o acontecimento mais importante que está acontecendo na vida dele naquele momento". Para evitar esses "sequestros emocionais" ou "alienações mentais transitórias" próprias dos seres emocionais, é importante ver as coisas com perspectiva, pensar e refletir sobre as relações importantes que temos na vida; assim, quando estamos vivendo essas situações, estaremos muito mais alerta e preparados para reagir como desejamos e como merecem as pessoas que mais amamos.

    Dedique tempo para escutar as pessoas importantes da sua vida; vale a pena. Escute o seu cônjuge, os seus filhos, os seus pais. Na família, o amor se soletra "t-e-m-p-o": dedique tempo a eles. No entanto, se colocássemos uma câmera escondida na vida de muitas famílias, o que descobriríamos? Provavelmente que dedicamos pouco tempo e pouca disposição às pessoas que mais amamos. É paradoxo, mas é assim que funciona. Ficamos cansados de ler histórias para os nossos filhos, por isso já estamos deixando de fazer isso. O *best-seller* de contos chama-se *Contos CURTOS para a noite*. Ainda por cima, é vendido de maneira convincente: "Olha, olha o índice, são contos de 2 minutos, 1 minuto e 45 segundos, 2 minutos e 15 segundos; o maior deles tem 2 minutos e 25 segundos, 2 minutos e meio, e acabou. Depois disso, você pode dedicar o seu tempo no que quiser"!

    Acabou? Em que vou usar o meu tempo? Vou ver a semifinal do "Big Brother"? Pense de maneira fria: os nossos filhos são as pessoas que mais amamos neste planeta e é difícil dedicar-lhes 2 minutos. Existem pessoas que nem leem contos curtos; colocam logo um CD com 24 contos e "bora dormir!".

    Falta comunicação nas famílias, o que é um problema grave. A comunicação se limita, muitas vezes, em dizer o que os outros precisam fazer, reclamar que alguma coisa não está bem, corrigir os outros ou gritar para que mudem o canal da TV. A comunicação importante na família está relacionada com escutar, com entender o outro, com pôr-se no lugar do outro para ajudá-lo, com entender para poder aconselhar, com ser tolerante, com fazer que a outra pessoa se sinta valorizada.

Também precisamos dispor do nosso tempo. Há alguns meses, foi publicada uma estatística aterrorizante: nove de cada dez pais não brincam com os filhos nem sequer uma vez por semana. Pobres filhos e pobres pais.

Há algum tempo, eu estava assistindo a um programa na TV daqueles que mostram casas. A proprietária estava mostrando com orgulho sua propriedade e, quando estava na cozinha, lembro que disse algo sobre terem um problema porque, durante as refeições, era comum discutirem porque duas pessoas sempre ficavam de costas para a televisão. Sempre havia brigas para ver quem ficaria nos lugares onde era possível ver a televisão. Ficou muito claro para mim, e ela repetiu várias vezes, que a família era muito importante e que era algo primordial que todos se dessem bem. Então, de repente, explicou aos espectadores sua brilhante ideia para solucionar o problema. A câmera focou na outra parede da cozinha e "tcharam!", estava ali: havia decidido colocar a televisão na outra parede de maneira que, quando todos se sentassem à mesa, pudessem ver a televisão sem problemas, sem discussões. Olhe isso! Não poderia ter passado na cabeça dela simplesmente desligar a televisão na hora do jantar? Assim, fomentaria a comunicação, o diálogo. Quantas pessoas jantam com a televisão ligada e depois reclamam que não há comunicação entre elas? Não entendo por que continuam fazendo mesas de jantar redondas ou quadradas; deveriam fazê-las compridas, assim todos ficariam de frente para a televisão. Se pararmos para pensar, perceberemos que muitas casas são como pensões: quarto individual com TV, computador, *wi-fi* e banheiro compartilhado. A mesma coisa acontece com os carros. Fiz muitas viagens de carro para Holanda quando era pequeno.

Com os meus pais e com os irmãos brincávamos de contar carros, de adivinhar as placas ou objetos e coisas, ou cantar. Quem hoje brinca de adivinhar? "Vamos, crianças, parem de encher, coloquem um filme no DVD e fiquem quietos".

A comunicação em casa exige ser generoso, deixar o egoísmo de lado para poder conviver, escutar para entender. O meu filho mais velho está na "aborrecência"; um dia foi dormir normal e, no dia seguinte, acordou "aborrecente". É verdade que quando eu tinha 14 anos não queria sair de casa; é verdade que eu passava todo o dia brincando com as maquininhas; é verdade que eu não usava calças na altura dos joelhos e cueca na altura das axilas; é verdade que eu brincava de bolinha de gude e brincava de ciclista com tampinhas de garrafa em uma montanha de areia na rua. No entanto, eram os anos 1980. Já não existe areia na rua, está tudo asfaltado. Agora há Facebook, BlackBerrys, PlayStation e gostam de sair com 14 anos. Sério que não vai culpar o Facebook? Bom, temos que ter serenidade, aceitar que as coisas agora são assim e, a partir daí, tentar fazer o melhor possível para entender o nosso filho e poder manter um relacionamento fantástico com ele. No entanto, para isso é necessário escutar, pôr-se no lugar do outro, ver as coisas do ponto de vista da outra pessoa, ter empatia, mostrar disposição para ajudar. Quase nada. Para heróis.

Santo Agostinho, em seu livro *De Civitate Dei* [A cidade de Deus], expõe: "O cuidado do funeral, a preparação da sepultura, a pompa do rito funerário são mais um consolo para os vivos do que uma ajuda para os mortos. Enquanto está vivo, irmão, vivo; não quando já morreu. Se você tem um amigo, um parente com problemas econômicos ou sozinho, ajude-o, acompanhe-o, faça-o feliz enquanto vive, não levando-lhe uma coroa de flores ou estando presente no funeral quando já estiver morto. Dê atenção e dedicação às pessoas que o amaram e que você amou. Demonstre-lhes afeto, agradecimento, carinho. Dê-lhes de presente uma parte do seu tempo. No entanto, faça isso enquanto elas estão vivas". Precisamos compensar as pessoas que amamos, antes que a morte nos separe delas.

22 | ÁLCOOL E ÁGUA. O VALOR DA HUMILDADE

Ser humilde não significa ser tonto; ser humilde não significa ser sentimental; ser humilde não significa ser covarde. Ser humilde é ser normal, e todos nós gostamos das pessoas normais. Existe um jeito simples de saber se você é pouco humilde. Quando alguém diz: "Não concordo com você" ou "Acho que você está errado", o que acontece dentro de você? Se, de repente, você sente como se um bicho subisse pela sua barriga e dá vontade de esganar a pessoa que disse essas palavras, isso quer dizer que você tem um problema com o ego e com a humildade. Todos conhecemos esse tipo de pessoas. "Fala você", "Não, não, melhor você dizer", "Não, por favor, melhor você, porque comigo vai se irritar" etc. Não gostamos desse tipo de pessoas. O que acontece? Que você sempre tem razão? Você nunca erra?

As pessoas humildes são as que reconhecem que têm algumas habilidades, mas que sabem que as outras pessoas são melhores em muitas coisas. Eu gosto daquela frase do Rocky Balboa sobre a namorada, Adrian: "Eu tenho defeitos, ela tem defeitos, mas juntos não temos defeitos".

Todos erramos; ninguém é perfeito. A diferença é que existem pessoas que aceitam bem e outras que não. Existem pessoas que dizem "Sinto muito" e "Desculpe" e outras que não sabem nem como se soletram essas palavras. Como é difícil pronunciar essas palavras. "Sinto muito", "Você tem razão", "Eu estava errado"; olha como são fáceis! São simples, mas tão difíceis de pronunciar...

É difícil dizer isso até mesmo às pessoas que amamos. "Papai, acho que você passou da rua", e, de repente, você percebe que o baixinho tem toda a razão. Que horror! Como você vai admitir que ele tem razão? Nem morto. "Eu sei, filho, papai já vinha nessa rua antes de você nascer, mas vou até ali rapidinho olhar uma coisa e já volto." Cara de pau :-). Ou com o nosso cônjuge. Sempre que eu me irrito com a minha mulher conto para a minha mãe, e ela sempre me diz a mesma coisa, "Peça perdão". "O que você está dizendo, mãe? Eu é que tenho razão!" No final das contas, todo mundo pode ter razão, até mesmo pode intuir que a pessoa tem mais que você, mas se trata de um problema de ego. Como você vai pedir perdão, se a culpa é dela? "Dessa vez, você terá que pedir perdão a ela; dessa vez, você terá que se arrastar!" Já aconteceu com todos nós. Quando duas pessoas brigam, você escuta a versão de uma delas e pensa: "Nossa, você tem toda a razão". No entanto, quando escuta a outra parte também pensa: "Cara, pensando por esse lado...acho que você também tem razão". Sabemos que tudo é passível de interpretação, que os dois podem ter razão, que você ou o seu cônjuge podem ter seus motivos. Então, por que você não vai pedir perdão? Por causa do bendito ego. E assim estamos há quatro dias, sabendo que alguma coisa está acontecendo e que a outra pessoa se irritou, falando um com o outro com aspereza: "Aconteceu alguma coisa com você?", "Não! E com você?". Ficamos assim por alguns dias, até que, no final, um acaba cedendo e diz: "Vai, era uma bobeira, perdão", "Não, não, eu é que peço perdão", "Insisto, eu é que peço perdão a você". Fala sério! Quatro dias com cara fechada para terminar assim? Não seria melhor ter confrontado desde o primeiro momento e evitar esses quatro dias? Por isso, humanamente falando, a pessoa grande é aquela que tem o ego sob controle, a que é capaz de deixar o ego de lado para não se irritar, para solucionar um mal-entendido com uma pessoa que ama muito e pedir perdão se necessário; esta é uma grande pessoa. Temos o direito de ficar irritados, claro que sim, mas ficar irritados por coisas importantes, não por besteiras e coisas sem importância.

Não gostamos de pessoas convencidas, arrogantes, contundentes, diretas, que têm uma maneira ríspida de falar, agressivas, prepotentes, que sabem mais que todo mundo, que sempre têm razão, que são as únicas que podem escolher o restaurante, que precisam ter a última palavra — não gostamos dessas pessoas. Gostamos de pessoas gentis, simples, que opinam, mas que deixam espaço para o outro, que se expressam com cautela, que têm um tom agradável, que reconhecem quando não sabem de alguma coisa, que pedem desculpas quando estão erradas, que aceitam outras opiniões e outros pontos de vista. Pessoas normais; pessoas fáceis de lidar.

Nos relacionamentos humanos, é lógico e normal que apareçam discrepâncias, que não concordemos com tudo, porque cada pessoa tem suas próprias opiniões, seus gostos e suas preferências. Haverá momentos de desencontros. É como se, durante uma fricção, fosse produzido um pequeno fogo.

Contudo, pense que todas as vezes que você abre a boca, todas as vezes que você diz algo é como se existissem duas garrafas, uma com álcool e outra com água. O que acontece se existe um pequeno fogo e você joga álcool? Um grande incêndio. E se você jogar água? O fogo se apaga. A água são as palavras amáveis; o álcool são as palavras ou os gestos ofensivos. Se alguém jogar álcool em você, agredir, provocar, no final você acabará explodindo. Somos animais, somos emocionais e racionais, mas, antes de tudo, emocionais; primeiro atua o nosso cérebro emocional; depois, o racional. O problema é que, às vezes, ficamos tão irritados que o cérebro emocional decide agir sem que a informação chegue ao racional e, então, transbordamos em emoções e sofremos um "sequestro emocional", durante o qual somos capazes de fazer ou dizer umas burradas das quais logo nos arrependemos quando a informação chega ao cérebro racional.

Voltando ao tema do álcool, poderíamos dizer que existem dois tipos, de 95º e de 98º. O de 95º é a desqualificação, o insulto direto. O de 98º é o mais doloroso, é a ironia, o sarcasmo, coisas que você transmite, palavras que você diz, mas que talvez não pronuncie. "Você é de onde? Agora já entendi tudo…" Suficiente para provocar um grande incêndio, sem sequer ter pronunciado nenhum insulto. Existem autênticos especialistas, verdadeiros piromaníacos, soltos por aí.

Quando você fala, nada do que diz é neutro; tudo é interpretado pela outra pessoa. O "outro" interpreta o conteúdo e as formas, as palavras e o tom, o "quê" e o "como". É impossível que estejamos sempre de acordo com os "quês", absolutamente impossível. Contudo, se formos educados, se cuidarmos do "como", sempre jogaremos água e, concordando ou não, a atitude da pessoa com a qual falamos não será negativa. Se perdemos a educação, não importa se temos razão ou não, a pessoa a que nos dirigimos se sentirá atacada, provocada pelo álcool, e sua atitude será negativa. Não tem como você saber se concorda ou não com o "quê", mas você pode sempre, sempre ser cauteloso e educado. Sempre. É o que fazem as pessoas inteligentes. E aí a humildade intervém de um modo muito importante. As pessoas humildes sempre falam com bondade, com cordialidade, sem impor suas ideias, tendo cautela e educação, jogando água e evitando o álcool. As pessoas humildes não reagem sempre na defensiva, como se estivessem sendo atacadas; por isso, geralmente não reagem jogando álcool.

A humildade está muito relacionada com a autoestima, apesar de parecer que é o contrário. É possível ser humilde e, ao mesmo tempo, firme, seguro. A essência da autoestima é a integridade, saber que faz as coisas de maneira honesta, que faz as coisas bem. Quando somos humildes, quem mandam são os princípios, não o seu ego; quando somos humildes e corajosos, fazemos o que temos que fazer, seguimos os princípios, não o nosso ego. Seguir os princípios nos conduz à integridade, ao passo que, pelo contrário, seguir o ego nos leva à arrogância.

Estas são algumas regras que me ensinaram se queremos viver com humildade:

- Não pensar que o que você faz ou diz é melhor do que o que as outras pessoas fazem ou dizem.
- Não querer ganhar sempre.
- Reconhecer as virtudes dos outros e aprender com elas.
- Não dar a sua opinião quando não for solicitada.
- Não desprezar o ponto de vista dos outros.

- Não utilizar você mesmo como exemplo de boa conduta.
- Ser flexível para retificar e saber pedir perdão.
- Não dar desculpas quando for repreendido ou quando você pedir desculpas.
- Evitar ocultar erros para não arruinar o conceito que as pessoas têm de você.
- Reconhecer que os seus dons não são méritos próprios.
- Não se agradar com os elogios.
- Perdoar os defeitos dos outros.
- Não ter inveja de que os outros sejam mais apreciados que você.
- Não dar muita importância para a aparência e para a imagem.
- Aceitar com alegria as humilhações, até mesmo as injustas.
- Não rejeitar fazer atividades ou tarefas "inferiores".
- Estar sempre atento para ajudar o próximo.
- Não querer ser reconhecido.
- Aceitar as críticas e não ser extremamente sensível a elas.
- Não exigir a atenção que você acha que deveria ter recebido.
- Não pôr empecilhos quando é preciso obedecer e seguir normas.

23 | A INJEÇÃO DE ÂNIMO DE UM ELOGIO SINCERO

A Universidade Complutense de Madri mensurou, há alguns anos, quantos elogios e críticas recebíamos no nosso ambiente profissional. A taxa foi de 10/1, ou seja, para cada elogio que recebemos, temos que escutar dez críticas. Desse modo, não é nada estranho que estejamos desanimados, como lâmpadas queimadas e com o estado de ânimo no chão. É preciso ter muito ânimo para manter a alegria em um ambiente desse! É muito humano criticar mais do que elogiar, o que não significa que não valorizamos as coisas positivas, mas, muitas vezes, não reconhecemos ou não somos conscientes da importância de reconhecer e destacar também os pontos positivos. É lógico pensar que, para melhorar alguma coisa, devemos sempre registrar o que funciona bem, mas é necessário perceber que os elogios também são necessários para manter o comportamento positivo.

Existe uma história muito boa que sempre vem à minha mente quando falamos de elogios e críticas. Uma mãe tinha feito o jantar para o marido e os filhos. Antes de ela se sentar, o marido e os filhos viram cada um em seu prato um omelete completamente queimado e carbonizado. Um dos filhos disse ao pai: "Papai, isso não pode ser coincidência; temos uma mensagem aqui". A mãe chega, se senta e diz: "Bom apetite". O marido responde: "Desculpe, querida, mas os três omeletes estão queimados, não um nem dois, mas três; ninguém conseguiria comer isso", ao que a mulher responde: "Verdade, quando queimei o primeiro ia jogar fora e fazer outro, mas, de repente, pensei: Claro! Eles comem como porcos, comem tudo; acho que não têm paladar porque nunca fizeram nenhum comentário, então pensei que não notariam a diferença; por isso, fiz os três iguais, queimados. Agora vejo que você tem paladar e sabe diferenciar o que é bom e o que não está bom; agradeço, se da próxima vez que alguma coisa estiver boa, vocês me digam o motivo, assim saberei que vocês têm paladar. Quando você fizer o jantar, conversaremos sobre o tema". Com certeza, existem diversas maneiras de dizer as coisas, mas, no fundo, ou não tão no fundo, todos concordamos que a mulher dessa história tem razão.

O psicólogo John Gottman explica que um casamento com uma taxa de 5 elogios/1 crítica está salvo, mas, se estiver abaixo disso, está em risco. Eu acredito que está correto. Criticamos mais do que elogiamos, porque damos mais importância ao que não funciona bem e menos ainda ao que já funciona; algo que seja bom precisa se destacar muito para que façamos um elogio. Sabendo que esta é a nossa tendência natural e que algumas pessoas têm mais facilidade que outras, é bom ter o costume de elogiar. Pouco a pouco, como todos os hábitos, será mais fácil e será parte do nosso jeito de ser.

Se consideramos novamente a taxa 10/1 da Universidade Complutense, com certeza muitos de nós pensamos:

"Bom, o meu chefe, ou o meu cônjuge, supera essa taxa; deve estar em 20/1". Quando falamos de hábitos pessoais e de como melhorar de forma contínua, tendemos a pensar nos outros, porque normalmente é mais simples ver o comportamento dos outros; no entanto, neste momento, não estamos falando dos outros — estamos falando de você. Esqueça a proporção do seu chefe, do seu cônjuge ou das pessoas ao seu redor; além disso, você não pode fazer nada para influenciá-los. Agora pense na sua taxa. Qual é a sua taxa de elogios/críticas? Se houvesse alguém do seu lado todos os dias somando os elogios e críticas que saem da sua boca, qual seria o resultado? Porque isso, sim, depende só de você; está nas suas mãos. Você terá a taxa que quiser.

É fantástico elogiar as pessoas por vários motivos. Em primeiro lugar, porque é justo. Todas as pessoas fazem coisas boas, bem-feitas; a maioria das pessoas querem fazer as coisas da melhor maneira possível. Por isso, é justo reconhecer quando as pessoas fazem as coisas bem, suas boas intenções, apreciar seus esforços, suas criações, suas aptidões. Em segundo lugar, porque você os fará se sentir melhor. Um elogio sincero sobe a autoestima de uma maneira que nenhuma outra coisa pode fazer. Não existe nada melhor que um elogio sincero. Mas desde que seja sincero, não me refiro a ser falso ou a manipular. Além disso, se agirmos assim, os outros perceberiam; lembre-se: transmitimos o que sentimos, somos lâmpadas que caminham por aí e não podemos esconder se o que dizemos é falso ou sincero. Também é importante abrir-se e ser generoso com os elogios.

Normalmente, agimos assim com relação às críticas e somos mesquinhos com os elogios: "Vai que ele acredita e fica se sentindo". Pensar assim é ser um pouco mesquinho. Se algo é "fantástico", não é normal dizer é "bom". É "fantástico"!

Uma das pessoas que profissionalmente mais admiro é Javier Amezaga, diretor-geral da Eroski. Um dia, encontrei-o em um corredor e comentei: "Javier, me falaram muito bem de você". Ele me respondeu: "Oi, Victor, também me falaram bem de você; tchau". Se a conversa tivesse sido esta, com certeza pareceria um pouco "fingida", não é? Um pouco falsa. A conversa, porém, não foi assim; eu lhe disse: "Javier, você é uma pessoa fantástica, fiquei impressionado; disseram que, quando você saiu da Caprabo (ele tinha sido diretor-geral da Caprabo antes) para vir para a Eroski, você se despediu de todas as pessoas, uma por uma, que trabalham nos escritórios centrais. Vi diretores que se despediram com um *e-mail* ou ditando: 'Coloque algo como: levarei vocês no meu coração', mas você foi pessoalmente cumprimentar e se despedir de mais de 300 pessoas, uma por uma. Tiro o chapéu". Agora essa conversa parece mais sincera? Quando você elogia de forma concreta e descreve um pouco mais o elogio, soam mais sinceros, e a outra pessoa "transborda". E "transborda" com toda a razão do mundo. O que não significa que seja uma pessoa convencida ou arrogante, não, mas todos temos uma autoestima que não faz mal que seja alta, não é ruim notar uma satisfação interna pelas coisas bem-feitas, todos nós gostamos dos reconhecimentos e dos elogios sinceros.

Grande parte da nossa felicidade depende de como são os nossos relacionamentos com as pessoas que queremos e apreciamos, ou seja, da qualidade desses relacionamentos. Tente que tudo o que você diga ajude as outras pessoas a se sentirem melhor. Seja sincero, gentil, aceite cada pessoa tal como é, procure ver o lado mais positivo e estar atento para elogiar aqueles comportamentos ou fatos que, sem dúvida, merecem ser elogiados. A admiração é uma grande ajuda para desenvolver relações eficazes, e todo mundo gosta de receber um elogio verdadeiro.

Comece a distribuir elogios. Comece pelas pessoas que você mais ama, porque, com certeza, são as que mais merecem. Depois, continue com as pessoas com as quais você tem mais contato no dia a dia. Não é a mesma coisa sair de um bar sem dizer nada ou simplesmente dizer "Tchau!" do que dizer "Muito obrigado, você faz um delicioso café!"; além de ser justo, você fará o garçom feliz. Você perceberá como funcionam os relacionamentos quando for sensível, quando tiver um radar para detectar coisas fantásticas e reconhecê-las, enaltecê-las e elogiá-las.

24 | VIVA COM ATENÇÃO PLENA

Nos países ocidentais, a cada dia que passa ficamos mais babacas, mais desanimados. A primeira doença de 2020, segundo a União Europeia, será a depressão. Vivemos com ansiedade e angústia, com estresse. A maioria de nós não percebe, mas já supomos que é assim que devemos viver. Vivemos em um ambiente no qual tudo é muito rápido, existem muitas demandas, tanta pressão, tantas preocupações, tantos impactos, tanta informação que inevitavelmente acabamos assumindo que viver "de maneira acelerada" é normal quando não é.

Essa aceleração provoca estresse na mente porque você nunca descansa, nunca relaxa. Existem vários fatores que ajudam para manter um terreno fértil adequado para esses transtornos mentais.

Em primeiro lugar, já por natureza, nós, seres humanos, vivemos 95% do nosso tempo em estado inconsciente, com o "piloto automático" ligado, assim como vimos nos outros capítulos do livro. Muitas vezes, não temos atenção plena no que estamos fazendo, pois a nossa cabeça não está aqui, no presente, mas, sim, pensando em outras coisas. Podemos dirigir sem atenção plena no que estamos fazendo, somos capazes de dar voltas com o carro pensando no que fizemos durante o dia, no que faremos ao chegar em casa, na organização da festa do fim de semana ou enchendo a mente com pensamentos sobre as próximas férias. Esta é a maneira natural de viver. Somos rotineiros, adquirimos hábitos e os temos tão arraigados que somos capazes de fazer as coisas sem pensar.

Em segundo lugar, a velocidade em que tudo acontece e a nossa própria velocidade. Adicione ao fator anterior o fato de que sempre fazemos as coisas de maneira muito rápida, comemos rápido, falamos rápido, dirigimos rápido. Tudo se multiplicou. Antes existiam dois canais de televisão, mas agora existem 114.342 canais; antes existiam dois tipos de sanduíche de queijo, mas agora existem 127: integrais, pão alemão, pão inglês, pão árabe, quente, frio, morno, *light* etc.; antes tínhamos quatro lugares para passar as férias, mas e agora há 44, e parece que é obrigatório ir a todos eles; faz um mês que saiu o iPad 3 e já estão preparando o lançamento do iPad 4; existem mais informações em um exemplar do diário *New York Times* do que uma pessoa do século XVIII receberia em toda a sua vida; vivemos em um mundo globalizado e acelerado.

Em terceiro lugar, o ambiente econômico e social no qual vivemos atualmente está prejudicando ainda mais o nosso modo de viver, porque já não pensamos só nas festas que temos que organizar, nas próximas férias ou no jogo do qual participamos no dia. Cada vez mais, enchemos a cabeça com pensamentos de angústia sobre o futuro, com medos, com preocupações, com problemas, com temores, com angústias. Essa incerteza nos provoca angústia e ansiedade.

Por último, vivemos em uma sociedade extremamente consumista na qual as multinacionais mandam. Agora as pessoas já não roubam para comer; roubam e assaltam as lojas para ter o tênis mais recente ou o último modelo de telefone. Anos atrás, a televisão era provavelmente o maior objeto da casa, mas agora existem televisões maiores que a minha casa. A globalização e os meios de comunicação instigaram nas pessoas o desejo de ter todos os tipos de produtos, deram a diversos produtos o valor de "objeto do desejo" aos quais muitas pessoas nunca poderão ter acesso ou na quantidade que gostariam. Isso está gerando um número enorme de pessoas frustradas ou amarguradas. Enchemos a cabeça com pensamentos sobre o que desejamos ou com o que nos dizem que precisamos desejar e que não temos, com conquistas que queremos alcançar ou com o que nos dizem que devemos alcançar e que não alcançamos. Sei que você acabará se enchendo do Tolstói de tanto que o menciono, mas ele tem outra frase muito boa: "A minha felicidade consiste no fato de que sei apreciar o que tenho e de que não desejo com excesso o que não tenho".

Todos esses fatores configuram um estilo de vida pouco saudável porque não apreciamos as coisas, pois nos trazem estresse. Se você está indo muito depressa, se corre, perde a graça da vida. É como aquele pião de sete cores. Quando o pião está parado ou rodopia muito lentamente, é possível ver as cores e distingui-las. No entanto, quando o pião gira a toda velocidade, não é possível diferenciar as cores, mas todas as cores juntas, por causa da velocidade, se transformam na cor branca; por isso, somente vemos o branco.

Precisamos parar, precisamos frear, precisamos saborear, precisamos caminhar, não correr. Eu não sou médico nem tenho a capacitação de fazer uma análise pormenorizada dos danos que o estresse e o cortisol provocam no corpo. No entanto, não é preciso ser médico para ver que não estamos bem, que cada vez existem mais ocorrências de infartos, mais úlceras e ficamos mais calvos. A principal consequência desse estresse é que a mente não descansa, nunca desconecta, sempre está no modo '*on*', conectada, até mesmo durante a noite, por isso não dormimos; e ela não está projetada para funcionar assim, ou seja, precisa do descanso que, muitas vezes, não lhe damos. É como se um carro estivesse sempre na rotação máxima; chegaria o momento em que as peças quebrariam, e o motor explodiria. Isso é o que está acontecendo conosco. Basta olhar ao nosso redor.

Como não desconectamos a mente, ela sempre está pensando e, quando pensa, só pode seguir em duas direções: ou para o passado ou para o futuro. Quando pensa no passado, poderia pensar em coisas agradáveis, mas, muitas vezes, pensa em coisas fantásticas que gostaria que acontecessem de novo e que nunca vão acontecer, nas coisas que fizemos e das quais nos arrependemos, nas coisas que aconteceram e que não deveriam ter acontecido, nos problemas e nas preocupações que arrastamos. Por fim, o que provoca esse tipo de pensamentos? Exatamente isto: emoções negativas como a melancolia, o remorso, a tristeza, a irritação, ou seja, o estresse. A outra possibilidade é pensar no futuro, é verdade que poderia pensar na próxima *Champions League* que vamos ganhar, mas infelizmente é mais provável que pense nas coisas que podem acontecer e que não gostaríamos que acontecessem, em projetos que precisam começar e que não sabemos se realmente vão, nas coisas que temos que fazer, no pouco que gostamos de fazer determinadas coisas ou no pouco tempo que temos para fazê-las, nas ameaças que temos ao nosso redor, nas preocupações profissionais, nos problemas pessoais que podem chegar a acontecer. Esses pensamentos também geram emoções negativas como o medo, a incerteza, a angústia. Por fim, novamente o estresse, a ansiedade.

Eu não digo que você não deva pensar nem no passado nem no futuro; claro que precisamos pensar. A respeito do passado, temos que agradecer os bons momentos e aceitar, perdoar, perdoar a nós mesmos, aceitar e aprender com os momentos que não foram muito bons. Sobre o futuro, temos que planejar, projetar, programar, mas entender que nem todas as coisas estão nas nossas mãos e que, no final, será o que Deus quiser. Eu gosto daquela frase de Santo Inácio de Loyola que diz: "É preciso agir como se todas as coisas dependessem de você e, ao mesmo tempo, pôr todas elas nas mãos de Deus como se tudo dependesse dele".

A felicidade tem três componentes: a serenidade de saber que no passado você fez bem as coisas; o prazer, o usufruto e as emoções positivas do momento presente; e o propósito na vida que marca o futuro.

Viver continuamente no passado ou no futuro é o causador, na maioria das vezes, de pensamentos, de emoções e de sentimentos negativos; a mente está projetada para resolver problemas; por isso, tem facilidade para acumular preocupações. Isso faz que a nossa energia baixe; que o nosso estado de ânimo piore; que percamos o senso de humor; que apareça a agressividade, a impaciência, o egoísmo e a intolerância nos relacionamentos com os outros; que paremos de nos divertir, de sorrir; que a nossa criatividade diminua, bem como a nossa vontade de nos esforçar; que aumentem as preocupações, a ansiedade, o estresse e as doenças.

O estresse provoca o funcionamento do ciclo "hipotálamo – hipófise – glândulas suprarrenais", levando o corpo a separar o cortisol, substância que é como um veneno para o organismo, cuja vida média é de 60-90 minutos, e é acumulável. Cada vez que você se irrita ou se altera, o cortisol é adicionado no sangue, a pressão sanguínea sobe, afeta o fígado, afeta o sistema imunológico e o sistema reprodutor, podendo até mesmo provocar o aborto ou a infertilidade, aumentando o risco de mortalidade em pacientes com síndromes coronárias agudas. Quem gostaria de viver assim? Você quer viver assim? Sério mesmo?

Muitas pessoas passam a vida preparando-se para aproveitar a vida no futuro: quando tiver outro trabalho, quando terminar a faculdade, quando tiver namorada, quando casar, quando as crianças crescerem, quando tiver a casa quitada, quando tiver outro chefe, quando me aposentar...e não aproveitam o presente, que é a única vida que, de fato, temos.

Para viver melhor, para viver com serenidade, alegria e paz interior, precisamos estar presentes, precisamos estar aqui e agora. Para poder gerenciar o que pensamos, precisamos ser conscientes dos pensamentos que temos "neste" momento, não deixar que eles passem pela nossa cabeça sem filtro, como uma torrente incontrolável. Viver aqui e agora requer viver com atenção plena, ou seja, sendo plenamente consciente do momento presente, que é, se você pensar bem, o único que realmente possui. O presente. É o único que você pode gerenciar, o único com o qual você pode trabalhar, o único no qual você pode focar e o único que pode influenciar. Ter consciência do presente é a única forma que temos de administrar aqueles pensamentos que aparecem entre o estímulo e a circunstância, e a nossa resposta a ela.

Nisto consiste a atenção plena, estar acordado, estar centrado no presente, aqui e agora. É a única maneira de sermos responsáveis pela direção e pela qualidade de vida que temos, de como nos relacionamos com nós mesmos e com as outras pessoas. Para viver com atenção plena, para maximizar o tempo em que somos conscientes, precisamos fazer duas coisas:

1. Desconectar o piloto automático

Para desconectar, antes precisamos estar conscientes de que vivemos conectados e deixar de viver como zumbis. É preciso focar no presente e, para fazer isso, não podemos fazer com o pensamento nem com a emoção; o recurso que temos são as sensações. O que nos conecta com o presente são as sensações; são elas que podem fazer que a mente se acalme e foque no agora. Os pensamentos e as emoções nos levam para o passado ou para o presente, mas as sensações somente são sentidas no exato momento em que surgem. A maneira mais fácil de se conectar com o presente é a respiração, mantendo e procurando a sensação de respirar; a respiração nos leva imediatamente para o momento atual. Faça o teste. Ela permite parar o peão de cores e deixar de ver somente o branco para começar a diferenciar as distintas cores.

Para acalmar a mente, é preciso parar de pensar, é preciso estar. Como tudo na vida, no princípio é difícil, mas cada vez vai ficando mais fácil, e cada dia que passa alcançaremos mais momentos de conexão.

Quando nos conectamos, aproveitamos as coisas, seja o que for, venha o que vier. Assim devemos viver todas as situações, com a mesma vontade e com a mesma paixão; não existe diferença entre o tempo livre e o trabalho, entre uma segunda e um sábado, entre comer e lavar roupa, porque se vive plenamente e se aprecia cada situação. Não se trata de acelerar a vida ou de ir contra o relógio para apreciá-la, trata-se de viver e apreciar cada momento com serenidade e equilíbrio. Uma coisa é estar vivo; outra bem distinta é viver a vida. Faça uma pausa, preencha cada minuto de experiência, tenha consciência, aprecie as coisas pequenas.

2. Aceitar as coisas como são e ver o lado mais positivo delas

Nosso grande problema é o egocentrismo; queremos que a realidade se encaixe sempre nos nossos desejos e expectativas, causando mal-estar e sofrimento se não conseguimos. Aceitar as coisas como são não é resignar-se, conformar-se, muito menos tolerar. A aceitação significa aceitar que as coisas são como são, sem julgar. Não se alcança a aceitação apenas querendo, mas é possível alcançá-la praticando; é como um músculo: só é possível consegui-lo com prática diária. É preciso desenvolver a serenidade de aceitar que as coisas são como são e desenvolver a esperança e o otimismo como vimos no capítulo anterior.

Quando conseguimos viver de maneira consciente, aceitando as coisas como elas são, sem querer mudá-las, mas focando-as desse ponto de vista mais positivo, todas as situações são vivenciadas com a mesma vontade, com o mesmo sonho, com a mesma energia.

Começar o dia com um sorriso é uma decisão pessoal; podemos tomar banho de maneira automática, pensando em tudo o que temos para fazer durante o dia ou podemos apreciar o banho; a decisão é nossa. De manhã, podemos tomar um suco ou um café de forma mecânica ou apreciar o frescor do suco e o aroma do café fazendo desse momento algo especial; a decisão é nossa.

Para conseguir viver dessa maneira, para aprender a estar acordado, a meditação é um método bastante eficaz. Os psicólogos e os pesquisadores chamam atenção para esse ponto. Os psicólogos da equipe de Harvard que realizaram o estudo *Track Your Hapiness* [Rastreie a sua felicidade] explicaram com uma enorme dose de senso comum: "Se está comprovado que somos mais felizes quando estamos centrados naquilo que vivemos e fazemos, então deveríamos encontrar algo que nos ensine a ficar centrados e focados". Esse algo é a meditação. Não é por acaso que o título de "Homem mais feliz do mundo" que concedeu a Universidade de Wisconsin em 2010, depois de um minucioso estudo entre milhares de pessoas, foi para Matthieu Ricard, biólogo francês que agora é budista. Essas pesquisas foram feitas ao colocar 256 sensores no cérebro para realizar ressonâncias magnéticas. Os pesquisadores conseguiram demonstrar que as pessoas que fazem meditação são mais felizes, têm menos emoções negativas e menos estresse.

A meditação é um treinamento no qual se pratica o "estar aqui e agora", como as pessoas que treinam as jogadas de tênis antes de participar de uma partida. Como um corredor que se prepara fisicamente para uma maratona, é possível preparar a mente para diminuir a quantidade de pensamentos que ela produz por minuto. Quando meditamos, estamos praticando essa forma consciente de viver. Por isso, deve-se começar meditando por pouco tempo e de maneira preparada e formal; assim, é possível entender que a meditação é uma forma de viver com atenção plena, com consciência plena.

Não pretendo fazer um tratado sobre a meditação, porque não sou especialista nesse tema; sou apenas praticante e dos ruins. Que a meditação é benéfica para o corpo e para mente já está mais que comprovado. Diminui a tensão, relaxa física e mentalmente, reduz o estresse, melhora o sono, melhora o metabolismo da respiração, equilibra o sistema imunológico ajudando a prevenir doenças, aumenta a paz e a harmonia interior, reduz o ritmo cardíaco, até quatro vezes mais do que sentado e três vezes mais do que dormindo. Uma pechincha! Se isso não bastasse, ainda é de graça.

A origem da meditação é milenar; dizem que nasceu na Índia. Meditar agora é moda, dizer que você faz meditação é algo que o torna interessante. Em geral, a meditação está associada a coisas excêntricas, metafísicas, esotéricas, com velas, incensos, músicas estranhas ou posturas diferentes, mas, na verdade, trata-se de algo muito mais simples e fácil. Meditar não é mais que sair da corrente permanente dos pensamentos nos quais a nossa mente está submergida. É conectar com a consciência, que é como um recipiente que contém os nossos pensamentos. A meditação nos ajuda a observá-los e a reconhecê-los. Meditar não é uma religião nem uma ciência recente.

Existem muitos tipos de meditação: guiada, com mantras, com visualização ou acompanhada da respiração. Eu gosto especialmente da última. Combina comigo, com a minha forma de ser; é simples, fácil e muito prática; não exige coisas nem lugares estranhos.

Para meditar bem, existem diversos requisitos, isso sim:

- Estar em um ambiente tranquilo e relaxado, sem ruídos, sem televisão nem telefone. Uma luz tênue ajuda a criar esse ambiente.

- Adotar uma postura cômoda que permita ficar um tempo sem movimentar-se. Não é preciso estar na posição de lótus; para mim, essa postura parece mais uma tortura do que algo relaxante. É possível estar sentado no chão com uma almofada, em uma cadeira ou, até mesmo, deitado, apesar de existir o risco de dormir. O importante é que a coluna esteja reta e alinhada, e os joelhos estejam abaixo da linha da cintura para que possamos respirar bem. Nada mais. O estado mental é mais importante que a posição do corpo.
- É preciso relaxar todos os músculos, desde os pés até a cabeça; focar os pensamentos nas diferentes partes do corpo para que elas relaxem.
- Quanto aos olhos, melhor que estejam fechados.

E agora o que é preciso fazer? É possível fazer muitas coisas, mas eu explico o que eu faço e é muito útil:

- Dirija a atenção para a respiração, para o nariz. Concentre-se em um ponto do nariz.
- Respire somente pelo nariz.
- Concentre-se em como o ar entra e sai; observe como a respiração flui.
- Se chegarem pensamentos, que vão chegar, deixe que eles passem e volte a se concentrar na respiração, sem se preocupar nem se obcecar com o motivo desses pensamentos; simplesmente se concentre novamente no nariz e na respiração. Com a prática, não virão tantos pensamentos.

Não se trata de deixar a mente em branco, mas de acalmá-la, "desestressá-la". Não espere ter sensações novas, não procure experimentar um estado concreto, porque a meditação não se trata disso. Não espere se transformar em um mestre do yoga ou zen da noite para o dia. A meditação funciona melhor se é realizada pelo simples fato de meditar, não pelo resultado.

Existem outros tipos de meditação, que eu também alterno com a da respiração e que também recomendo: meditar sobre os objetivos que você tem na vida, meditar usando frases ou expressões de motivação, visualizar, meditar sobre a bondade, meditar sobre a compaixão ou meditar sobre a morte (essa parece macabra, mas é excelente para ajudar a relativizar e a priorizar).

Por quanto tempo devemos meditar? O tempo que você quiser; existem pessoas que passam dias ou semanas, mas é melhor fazer 5 minutos bem do que 45 minutos mal. O mais importante é a constância; melhor 5 minutos diários do que 45 minutos de vez em quando. A força da inconsciência é enorme, por isso é difícil ter o hábito de meditar todos os dias.

Qual é o melhor momento para meditar? Quando você quiser. Pela manhã, ao se levantar, à tarde, à noite, quando você puder. E onde? Também no local que você quiser, desde que seja um lugar tranquilo; na sua casa, no campo, no trem, no avião ou em uma igreja. Eu particularmente gosto de meditar na igreja porque sou cristão, porque há silêncio e por causa da escuridão.

Estas são as regras importantes para considerar antes de meditar. Isto é o bom da meditação: poucas regras; por isso, eu gosto. Também porque todo mundo pode fazer, porque o único que é necessário é respirar e ter constância.

Se nos acostumamos a meditar regularmente, treinamos a mente para estar mais quieta, mais presente no agora, mais centrada no presente. No entanto, os minutos que dedicamos para meditar são: um treino; não deveriam ser um parêntese na loucura do dia a dia, mas uma prática para poder viver mais tempo com atenção plena durante o dia. Aos poucos, precisamos conseguir viver mais "acordados", sem o piloto automático. Este é o objetivo.

25 O EFEITO DE BACH AO PIANO

A música tem um poder emocional enorme. Escutar música desperta as nossas emoções: a melancolia, a tristeza, a alegria e, até mesmo, a euforia, porque a música tem esse dom fantástico. Existem canções que nos fazem pensar, que conseguem tirar o melhor de nós; algumas melodias despertam o nosso lado mais positivo; outras nos fazem refletir; algumas trazem lembranças; há músicas que estão conectadas para sempre aos momentos importantes da nossa vida, a momentos significativos. Existem músicas para todos os momentos. Há músicas e melodias que tocam no mais profundo do nosso ser, aonde dificilmente alguém chegará.

Quando você escuta Glenn Gould ao piano tocando a Ária de Bach, o mundo para. Literalmente. Para. Este é o poder da música.

Aprenda a usar a música para melhorar o seu entusiasmo, a sua alegria, o seu estado de ânimo. Ao escutar música, as suas lembranças vêm à tona. Em alguns momentos a música traz bons propósitos, boas intenções, e, às vezes, um desejo irrefreável de mexer os pés, de dançar, de assoviar ou de bater palmas. É fácil passar por estados de euforia com uma boa música. Faça uma lista de canções. Lembro-me de que o meu tio gravava cassetes para o meu pai. Sempre colocava o mesmo título nas fitas — "vitaminas de morango"— e um número ao lado. O meu pai sempre dirigia hipervitaminado.

26 | LIDERAR; QUATRO PAUTAS PARA NÃO SER UM BABACA

Trabalhar a nossa própria atitude é muito difícil, mas é ainda mais difícil trabalhar a atitude das outras pessoas; isso é o que fazem os líderes. Liderar está relacionado com inspirar, motivar, transmitir, influenciar e qualquer verbo que termine com "r".

"Liderar" não é dizer para os outros o que é preciso fazer e verificar depois se o trabalho foi feito dentro do prazo e da maneira especificada. Isso qualquer "chefinho" ou medíocre consegue fazer. O trabalho de um líder é criar um ambiente profissional positivo que permita mobilizar o melhor de todas as pessoas para alcançar os resultados dentro do prazo. Isso é muito complicado. Tanto que a grande maioria dos chefes não são líderes e caem na categoria de babacas.

Para evitar cair nessa última categoria, precisamos ter um modo de ser e um modo de fazer. A atitude é um reflexo da liderança, e a maioria das equipes são um reflexo do chefe que têm.

Aproveitar o que cada pessoa tem de melhor inclui, além de tudo, as atitudes. Também conhecimentos e habilidades, mas, sobretudo, as atitudes. As atitudes potencializam os conhecimentos e as habilidades. A vontade de trabalhar, o sonho, o esforço, a paixão, a iniciativa, a alegria, o entusiasmo, a capacidade de perseverar, a vontade de ajudar os clientes ou colegas de trabalho, a responsabilidade, a honestidade, o otimismo...

No entanto, as atitudes das pessoas são voluntárias. Elas oferecem quando querem. Temos que ganhá-las. Se são oferecidas, é porque são merecidas. É isso o que os líderes conseguem fazer: extrair o melhor das pessoas.

E o que esses líderes têm? O que eles fazem? Basicamente, acredito que tenham duas qualidades:

Em primeiro lugar, possuem uma maneira de ser fabulosa. Como vimos, todas as pessoas fantásticas possuem uma maneira fantástica de ser; todas as pessoas imprestáveis têm uma maneira imprestável de ser. Todos gostamos de lidar com pessoas honestas, íntegras, amáveis, agradáveis, transparentes, autênticas, próximas, fáceis, simples, alegres, divertidas e justas. Pessoas sinceras, que não escondem nada, que são humildes, que — se erram — pedem desculpa, que sabem controlar as emoções, que são trabalhadoras, que são pacientes, que são tolerantes, que escutam, que são generosas com os elogios, que são educadas quando se comunicam com os outros, que são amáveis, que cuidam dos pequenos detalhes, que dizem "por favor" e "obrigado", que têm senso de humor, que são profissionais e responsáveis...

Mas não gostamos das pessoas antipáticas, negativas, arrogantes, egoístas, pessimistas e tristes. Pessoas que se aproveitam dos outros para alcançar seus próprios objetivos, manipuladoras, intolerantes, que não têm educação, que humilham, sabichonas, que discutem, prepotentes, que não cumprimentam e são desagradáveis.

Somos influenciados, escutamos, admiramos e aprendemos das pessoas descritas em primeiro lugar. Estas são exemplos para nós; pessoas que queremos imitar e que conseguem que mostremos a melhor versão de nós mesmos.

Em segundo lugar, são apaixonadas pelas pessoas. Não existe trabalho mais gratificante e motivante que ajudar o próximo. Trata-se do trabalho do líder, ou seja, ajudar as pessoas a serem melhores pessoas e melhores profissionais. Não existe melhor trabalho que esse. Essa paixão por ajudar, por servir as pessoas é o que leva o líder a ser generoso com seu tempo, a ajudar os outros, a ter paciência quando necessário, a escutar, a não julgar. Sabe que todas as pessoas têm características fantásticas. Da mesma forma que um petroleiro, que não para de perfurar quando sabe que existe petróleo no fundo do mar, porque tem certeza de que vai encontrar, os líderes perseveram em seus esforços para extrair o melhor das pessoas, porque sabem que todas as pessoas têm um excelente potencial, mais ou menos escondido, mais fácil ou mais difícil de encontrar de acordo com as experiências vividas ou as circunstâncias de cada uma. Contudo, sabem que esse potencial está aí e continuam lutando. Isso requer esforço para reconhecer, formar, dedicar tempo, perseverar, motivar, dedicar tempo, comunicar, dedicar tempo, compartilhar, escutar, escutar, escutar, dedicar tempo, perdoar, resistir à frustração, ter paciência, dedicar tempo... Um esforço que muitos não estão dispostos a fazer. Estamos rodeados de medíocres que vivem no mundo deles, que não têm a intenção de ajudar o próximo, que só pensam neles e em seus objetivos. Pessoas que não têm paciência, prejulgam, maltratam, menosprezam e humilham os demais, que veem inúteis e desastrados em todos os lugares.

No atual momento, precisamos de líderes apaixonados em ajudar e servir, íntegros, alegres, positivos, entusiastas, otimistas, capazes de gerar sonhos. Por outro lado, sobram trapaceiros, babacas, patetas, pessimistas e estraga-prazeres!

27 EXERCÍCIO MENTAL

Existem muitas que pessoas que entendem que é preciso cuidar da própria saúde física, do estado do próprio chassi. Praticamos esportes, vamos à academia, comemos alimentos saudáveis, cuidamos de nós mesmos, cuidamos do nosso estado físico. Poucas vezes, nos damos conta de que também temos responsabilidade de cuidar do nosso estado de saúde mental, de que precisamos fazer exercício mental e alimentar a mente de maneira positiva. Vivemos em uma época do culto ao corpo, à imagem. Quando será moda o culto ao cérebro e à mente? Quando vamos nos preocupar da mente tanto como nos preocupamos com o corpo? Precisamos fazer exercício mental e, nesse caso, não precisamos ir à academia; os halteres são os livros, as histórias, os filmes, as imagens, as conversas.

Uma maneira de alimentar a mente e a alma é lendo; a verdade é que lemos pouco. Sempre insisto sobre a importância desse ponto nas minhas sessões. A diferença entre a pessoa que sabe ler e a que não sabe é zero, nenhuma. Tenho certeza de que, se você quiser, encontrará dez minutos por dia para ler. Você tem dez minutos todos os dias para fazer algo muito importante? Você não arranjaria tempo para algo que fosse muito importante? Dez minutos por dia equivalem a ler um livro a cada duas semanas, em um ritmo normal, sem técnicas de leitura rápida, um livro a cada duas semanas são dois livros por mês. Dois livros por mês são 24 livros por ano — 24 livros! Se devorar 24 livros por ano, você se tornará o maior guru mundial sobre os temas que leu. Talvez você pense que estou exagerando e que 24 já é um exagero. O que você acha de três livros? Um por trimestre e no verão você descansa. Tudo está nos livros. Por quais temas você se interessa? Liderar melhor? 124.256 livros. Melhorar as habilidades de vendas? 345.679 livros. Trabalhar em equipe? 342.145 livros. Tudo está nos livros.

Você quer melhorar as suas atitudes? Existem 345.765 bons livros sobre atitudes pessoais. Leia. Se você dedicar 1% do seu tempo para ler, para se informar, para aprender, seriam 14 minutos por dia. É o melhor investimento possível; não esqueça de ter um caderninho e um lápis, porque precisamos anotar as coisas que queremos aprender, já que a mente pensa e aprende escrevendo; além disso, é possível reler o que está escrito.

Você pode ter os maiores sábios mundiais sobre determinado tema no seu criado-mudo. Se parar para pensar, do mesmo jeito que as empresas têm conselhos de administração, nos quais teoricamente os participantes sabem muito, aconselham e assessoram, você também pode decidir ter o seu conselho de administração. O seu conselho de assessores pode escolher os assessores que você quiser! Quer vivos, quer mortos. Imagine um conselho de assessores formado por Jesus Cristo, Aristóteles, Platão, Leonardo da Vinci, Abraham Lincoln, Gandhi, Winston Churchill, Henry Ford, Sêneca, Madre Teresa de Calcutá, Henry David Thoreau, Stephen

Covey... Escolha quem você quiser! É isso mesmo; você pode ter todos no seu criado-mudo. Algumas pessoas têm o costume de fazer uma série de exercícios pela manhã; outras dedicam dez minutos para ler livros sobre essas pessoas, dedicam esse tempo para alimentar a mente e a alma, dedicam esse tempo todos os dias para incorporar informação sobre otimismo, alegria, perseverança, honra, integridade, atitude mental positiva e entusiasmo. Todos os dias, todos os dias.

Alimente a mente com palavras, frases, desenhos, imagens e pensamentos positivos. O nome disso é *fitness* mental; se você quer ser alegre, alimente a mente com ideias, palavras, livros, artigos, conversas, filmes, imagens e músicas alegres. Adivinhe qual tipo de pessoa você seria? As pessoas são o que comem, mas também o que pensam.

28 | ADICIONE MINUTOS FANTÁSTICOS

Este é o melhor conto que li em toda a minha vida.

É a história de um homem que eu definiria como buscador. Um buscador é alguém que busca, não necessariamente alguém que encontra. Também não é alguém que necessariamente sabe o que está buscando; é simplesmente alguém para quem a vida é uma busca.

Um dia, o buscador sentiu que devia ir à cidade de Kammir. Ele tinha aprendido a seguir rigorosamente as sensações que vinham de um lugar desconhecido dentro de si mesmo; assim que deixou tudo e foi. Depois de dois dias de caminhos empoeirados avistou, de longe, Kammir. Um pouco antes de chegar ao povoado, uma colina à direita da trilha chamou muito a atenção dele. Estava atapetada com um verde maravilhoso e havia muitas árvores, pássaros e flores lindas; uma espécie de cercado pequeno de madeira lustrado o rodeava por completo. Uma portinha de bronze o convidava a entrar. De repente, sentiu que tinha se esquecido do povoado e sucumbiu à tentação

ADICIONE MINUTOS FANTÁSTICOS

de descansar um pouco nesse lugar. O buscador atravessou o portal e começou a caminhar lentamente entre as pedras brancas que estavam distribuídas de forma aleatória entre as árvores. Seus olhos eram olhos de um buscador, e, talvez por isso, descobriu, sobre uma das pedras, uma inscrição que dizia: "Abdul Tareg, viveu 8 anos, 6 meses, 2 semanas e 3 dias".

Ele se surpreendeu um pouco ao perceber que essa pedra não era simplesmente uma pedra, mas uma lápide. Sentiu pena ao pensar que uma criança de tão pouca idade estava enterrada naquele lugar. Olhando ao redor, o homem percebeu que a pedra que estava ao lado também tinha uma inscrição. Aproximou-se para ler, e estava escrito: "Yamir Kalib, viveu 5 anos, 8 meses e 3 semanas".

O buscador se sentiu terrivelmente comovido. Esse lugar tão lindo era um cemitério e, cada pedra, um túmulo. Começou a ler as lápides, uma por uma. Todas elas tinham inscrições parecidas: um nome e o tempo de vida exato do falecido. Contudo, o que o deixou mais chocado foi comprovar que a pessoa que mais tempo tinha vivido não passava dos 11 anos...Paralisado com uma dor terrível, ele se sentou e começou a chorar.

O cuidador do cemitério caminhava nas redondezas e se aproximou; ele o viu chorando por um tempo em silêncio e depois lhe perguntou se chorava por algum familiar. "Não, nenhum familiar — disse o buscador — o que acontece com este povoado? O que há de tão terrível nesta cidade? Por que existem tantas crianças enterradas neste lugar? Qual é a horrível maldição que pesa sobre estas pessoas a ponto de se verem obrigadas a construir um cemitério de crianças?"

O ancião sorriu e disse: "Você pode se tranquilizar. Não existe nenhuma maldição. O que acontece é que aqui temos um antigo costume. Contarei a história. Quando um jovem completa 15 anos, seus pais o presenteiam com um caderninho, como este que tenho pendurado no pescoço. É uma tradição nossa que, desde então, todas as vezes que aproveitamos imensamente alguma coisa, abrimos o caderninho e anotamos: à esquerda, o que aproveitamos, e, à direita, quanto tempo durou a alegria. Conheceu sua namorada e se apaixonou por ela. Quanto tempo demorou essa paixão enorme e o prazer de conhecê-la? Uma semana? Duas? Três semanas e meia? Depois, a emoção do primeiro beijo, o prazer maravilhoso do primeiro beijo. Quanto tempo durou? O minuto e meio do beijo? Dois dias? Uma semana? A gravidez ou o nascimento do primeiro filho? E o casamento dos amigos? A viagem mais desejada? O encontro com o irmão que vive em um país distante? Quanto tempo durou a alegria dessas situações? Horas? Dias? Assim vamos anotando em um caderninho cada momento no qual temos alegrias. Quando alguém morre, temos o costume de abrir a caderneta dessa pessoa e somar o tempo das alegrias, para escrevê-lo sobre seu túmulo, porque, para nós, este é o único e verdadeiro tempo vivido".

Adoro esse conto porque é uma filosofia de vida. Se você parar para pensar, a vida consiste em somar minutos. Minutos, horas, dias, semanas, meses, anos, mas tudo começa com minutos; esta é a unidade de medida que podemos gerenciar. Igual ao xadrez que tem dois relógios, na vida existem dois tipos de minutos: os minutos fantásticos e os minutos horríveis. O que caracteriza os minutos fantásticos e os minutos horríveis? Existem pessoas que acreditam que a qualidade dos minutos depende das circunstâncias, do ambiente, do que acontece com elas. Por outro lado, as pessoas grandes sabem que só depende delas fazer que cada minuto seja fantástico ou horrível, pessoas que estão comprometidas em somar minutos fantásticos, minutos que fazem sentido no seu projeto de vida.

Não vamos mudar as circunstâncias, porque não temos influência sobre elas. Hoje é a sua vez de organizar a lava-louças. É a sua vez. Não tem para onde fugir, é sua vez, gostando ou não. Existem pessoas que põem a louça na máquina reclamando e se lamentando: "Como vocês são relaxados, sempre sou eu que tenho que organizar e estou perdendo o jogo...". Fazer o quê? Vamos somar minutos horríveis. Há outro tipo de pessoas, aquelas que se divertem organizando a louça, que organizam como se estivessem jogando *Tetris*.

Cada pessoa tem a atitude que quer ter.

29 O QUE VOCÊ APRENDEU COM ESTE LIVRO?

Japão. Ano 2012. Nesse país, vivia o homem mais sábio do planeta. Cento e sessenta e cinco anos, e jamais errou. Na pequena cidade onde vivia esse sábio, moravam dois meninos que passavam todo o dia pensando no que eles podiam fazer para que o sábio errasse pelo menos uma vez.

Um dia, uma das crianças disse à outra: "Já sei!". Já sei o que podemos fazer para que ele erre. Vamos visitar o homem sábio com um pássaro nas mãos. Sem abrir as mãos, vamos perguntar se o pássaro está vivo ou morto. Se ele disser que está morto, abriremos as mãos e mostraremos como voa; se ele disser que está vivo, apertamos o passarinho com as mãos até que ele morra".

O outro menino, depois de escutar o que o amigo propunha, respondeu emocionado: "Que ótima ideia! Essa vai dar certo! Independentemente de o que ele diga, vai estar errado. Ótima ideia!".

Os dois meninos foram à procura do homem sábio. Com seus 165 anos, caminhava arqueado, com uma túnica e uma bengala, com os pequenos olhos e a barba branca. Aproximaram-se do homem sábio e perguntaram:

— Senhor sábio, desculpe incomodar, queremos fazer uma pergunta. Temos um pássaro nas nossas mãos e queremos que o senhor diga se ele está vivo ou morto.

O que respondeu o sábio? Qual foi a resposta dele?

Os dois meninos observavam, atentos, enquanto o homem sábio respondeu sem se alterar:

— A resposta está na mão de vocês.

Para mim, este conto é fabuloso. Neste livro, você encontrou muitas ideias e propostas, nenhuma delas provavelmente nova; quase todas você já conhecia. A pergunta que faço agora é a seguinte: Essas ideias servem para alguma coisa? A resposta do homem sábio também é aplicável nesse caso: "A resposta está nas suas mãos". Ler um livro não ajuda em nada; as boas ideias não têm nenhuma utilidade, exceto, e isso é o importante, se você decide pô-las em prática. Então, sim, as ideias têm utilidade, e muito, para fazer-nos pessoas melhores.

Explicar as coisas, que é o que eu faço neste livro ou nas minhas sessões, é algo muito simples. O mérito está, sem dúvida, na luta diária em aplicar essas ideias, e nisso sou principiante todos os dias, mas sei que a resposta está nas minhas mãos.

Espero que este livro tenha ajudado você a pensar, pois era este o objetivo. O meu propósito era fazer você pensar, na essência, que a vida é muito simples, não fácil, mas é muito simples. Resume-se em três coisas:

- Decida que tipo de pessoa você quer ser e que tipo de vida você quer ter.
- Lute para conseguir esse objetivo.
- Faça-o com alegria.

Muito obrigado!

Esta obra foi composta em *Adobe Caslon Pro*
e impressa por Promove Artes Gráficas sobre papel
Pollen Soft 70 g/m² para Editora Hábito.